SONU ZC

Mustafa Irgat (İstanbul, 22 Ocak 1950 - 3 Mart 1995) Saint-Joseph Lisesi'nde okudu. İlk şiiri *Yeni Dergi*'de çıktı (1971). *Sokak* ve *Beyaz* dergilerinde şiir, *Yeni Sinema, Defter, Nokta* ve *Özgür Gündem*'de sinema yazıları yayımladı. Resim yaptı.

Şiir: *Ait'siz Kimlik Kitabı* (1993), *Sonu Zor* (2011).
Sinema yazıları: *Duhuldeki Deney* (1995).

Mustafa Irgat'ın
YKY'deki kitapları:

Ait'siz Kimlik Kitabı (1993)
Duhuldeki Deney (1995)
Sonu Zor (2011)

Mustafa Irgat

SONU ZOR

Hazırlayan:
Ahmet Güntan

Yapı Kredi Yayınları

Yapı Kredi Yayınları - 3387
Şiir - 291

Sonu Zor / Mustafa Irgat
Hazırlayan: Ahmet Güntan

Kitap editörü: Murat Yalçın

Kapak tasarımı: Nahide Dikel

Baskı: Mas Matbaacılık A.Ş.
Hamidiye Mah. Soğuksu Cad. No: 3 Kağıthane-İstanbul
Telefon: (0 212) 294 10 00 e-posta: info@masmat.com.tr
Sertifika No: 12055

1. baskı: İstanbul, Temmuz 2011
ISBN 978-975-08-2048-9

Yapı Kredi Kültür Sanat Yayıncılık Ticaret ve Sanayi A.Ş.
Yapı Kredi Kültür Merkezi
İstiklal Caddesi No. 161 Beyoğlu 34433 İstanbul
Telefon: (0 212) 252 47 00 (pbx) Faks: (0 212) 293 07 23
http://www.ykykultur.com.tr
e-posta: ykykultur@ykykultur.com.tr
İnternet satış adresi: http://alisveris.yapikredi.com.tr

İçindekiler

İBLİSÇE PARÇALARA AYRILMIŞ SÜREKLİLİK İÇİN ŞİİRLER

"GÖLGE VE GÖRÜNTÜ SAVINDAN İLERDE"
HANGİ YERALTI KATLİAMININ KARŞILIKSIZ
FİYATIDIR, ŞİİR?

ADALET YERİNİ BULUR

"Efendilik kimde kalsın?"

Köpeklerin yalnız başına eşinmesinde
cümlesi hemen, demi anlaşılmayan ülke

redifli itirafını batırdı rastlansal:
Tekneleri tekneme çarpıp açılan liman

size sonsuz kıvançlar sunarım, darağacı
bize, ele-avuca sığmaz tekmeler, ki ne.

Bitik, bu akşamı camgöbeği kardeş ölü.
Ayağa kaldırılsın, gencinize göz kırpsın.

Vezir, virgülü nereye koymasını bilir.
Hangi kanat, kuşsuz tabak, uçan ölü örtü.

Sandıkları kadar üstü çizili insan var.

"ALKIŞLAR AYAKTA SÖNERDİ"

Cahit Arf için.[1]

Bir isim yapmacık sevinse, sözcük
oyunsuz kendi başına kalsa,

son ve körü kuşatan dilsize yuman buldu
can hâk'lı olsa, gecelikli. Boğuldu...

Her karalamaya imza'nın gereği
Taşlıtarla toprağı gösterdikleri:

Tabanca vatan yatak! Tıfıl'ken bakan
yas'mış, kan saçmış, yanakta dil gözükmüş.

İç'kimin zevki eldedir, bütün kâbus;
İstanbul esnaf dolu, tespihli sol'cu.

"Hesap" çöktü, cumhur'una küfür yağsın;
hırsız yetişsin, sen bikrine dolarken.

Başta o azık sevinç, var sahnelenmiş,
Oyun'a Aktör'e kalman avucunla birlikte.

1 Cahit Arf sunusunun altında üstü çizilmiş olarak "Yaşam standartı" diye not düşmüş.

Mantık polise gülümsüyor, kasıtlı
ha bu diyar ha hıyar şu ücret ölü.

Şaşı yüz hangi duvar öpüşken, gönlün
Safiye'n! Piyon gön; tutsak fil/at, mahpus.

"Aşk" burda bitsin mi, köşküne sinsin mi?
Bildik kuş, çırpındıkça eteklerinde.

AMERICANO

Beyaz kör bir piyanist'e.

Hızla dönen bir dolunaydı bar.
Oysa ben Topkapı'ya gidecektim otobüse binecektim.
İçesiye yıldızları birbirine çarpan ve dağılan.
Önemli olan yoksulluktur.
Büyük kent sizi yutunca anladı.

"Seni seviyorum" dersen arızalıydın.
Para kazanmanın yolu tek koyunlardı.
Algı ortalaması sıfırda bacaklar.
Hep kazanan masal anlatırdı.

Kendimi öldüreceğim ölü dayıcığım.
Kızoğlankız olmayı özlenen noktada.
Pis bir olaydı mutsuzluk ülkesi.
Çingeneysen uyruğu yaban Türkler arasında.

"Büyülü sözler alt tarafı iki teneke sudur."

AYSOKUMUNDAN EL SALLAYAN
NİLGÜN MARMARA İÇİN PERİZAD

Geç aklım bir Kürt olarak cevap veriyorum huzurunuzda
ve dilinimde kestiler ve merhamet katl'ile doğsundu ilk
aymışlığın korkusunu yaşıyorken tenha kere Türk.

Mutluluğu becerilmiş güzel bulacağız allah derim otofaji
ve o'suz şu'lu beynimize inmiş efendi, ankayı mağrib ölüm
tekmeleriyle ay götünüze mıh'mış, zât-i şahânesi hep şair.

Bir şişe lavanta bu şiir: Güneş altında kafaya dikilmiş.
Herkes kendi büyümesini anlasın geldiği zaman büyüklüğüne
bok aguşunda padişah, bir tokat ve iki yumruk ve üç sille-
kurtların uluması mişkin'leşe dönüştükçe
cenahların inönü'sü gitgide hitler'leşiyor.

Beni çukura çekip azalan verimler yasasını çıkartabilirsiniz
iğne iplik delikten para gözlü sarraf düzmeceyi: Kolordu
kızı yalvarır: Aybaşı çarşafını katlamakla sondu ömrüm,
inandım ve insan sesine inanamadım, belki de hastayım,
çekmeyi bekleyen perdesini duvarın kireç ağzında.

AZTEK NİHAVENT

Çınarı polis eczası saymaca ülke, al
bereket kolu dostunun ağzına verilmiş

bir uçurtma uçurulmuş simurg artık tanrı
bir gölge bilinmiş bulunuş göğünde yatar

olanak korkuyu dürter, yazıcık ibnetor
oteli ah şap, askerden dönene verici

yüzünüzdür kalbinize değer terkedilmiş
buldumcuk kadına patlıcanmoru çini az:

Hayat kesesi patlar, az ötede dolaşık
birileri zengin zengin sırnaşık dolaşır.

Sen zemin yoğaltan sürülmüş tükrük halına
meni boşaltana acı, ne zaman çekersin

bir ufku kazımaktan geriye, bedevi'ye
gözüne sürme taşlar çekilmiş hece kaşı

ayaklarınıza değerse, tutun bir umut
gülüncümü böğüren, unutacak Türk eli

nakkaşan tüyünü aramana gerek yok, hiç
bir uzaklık, suya berrak akılcık akardı

tanrısı kayınca kölemen günlen yalabık
sana da düşecek Ağaşah'ın kulu, sana da...

SAADE AĞASI’NIN ŞİİRİ

Hep fizik galiba dil’im, hep fizik, çarpınca kelimelere.

Belki de bir gizlilik vergisi ortaya saçılan
rengi akışın, o memleket füzesi
uçurulmak sancağında saçına tavrına boğulmuş.

Ben’im sahtekâr devamın, seninse sahte devamım
– taşralı kentte tıkılmışlığıyla caddeden deniz
katran heykeli kanatlanan dalgadan vuran tecime.

Osmanlılar kol-ceset
gererken katli yumuşak
bir şemsiyenin altından
yağmur yağdırdılar dı
her bakıcısı şıp şıp ayrı
bir salıncakla şizofren
bir tasnifle ve ağır laş tırıla bilir
yok sun luk temelleri üstüne.

İşte bu nedenden açlık boncuk nazardan
yapılmıyor bir fiil hiç mi hiç kızlar
zenci seğirdim yerleri cerrahi kocaduvar.

Dolayında unuttum, utandım, uzattığım
kıyak görmüş bir acının kırk yıl hatırı var
iblisin kararlılığına damlayan
çatıdan hadım ergen
bir elçabukluluğunun dolunayla kucaklaşmasına benzer
her buluşmamızda odası
bir makasla gölge oyunu oynayan
yosun tutmuş bir işkence hane!

Kim kime kapıcı ki şahbaz kömürünü omuzlamış
merdivenleri gökyüzüne göstere göstere inmiş
rahmi bir cepken, herifler sokağa fırlamış.

Babanızı da gömerken bir tabut
eşya önünüzde saydam git-gel;
kendi maslahatgüzarlarında saate bakarlar,
işerler, boşalırken göt böyle*.

Yumukları sevmem. Hayatta Allahınızı dilerim.

Arka bahçelerini gördün sen bütün müslümanların!
camileri sarhoş yüzlerinde topallayan
mihverine güvercin atılan kafes başlı gölgeleri.

* Sentaks feminendir.

Niyazlı gövdeleri yazmak isterdim
gecikmeli tenli bir sünnet elinden
tırmanırken bacınıza içiçe üç merdiven
beyin kanaması gözü süzüp taş büzük.

İlerleyen biri, yalağın ağzına dayanmış
devletli kum içiyor
şıpıdık terlikleri cellat çeşmesinde bugünün vatandaşları.
Çoktan asılmışlar da, yalnız gözüküyor pamuk ayakları.
Altlarında hem büzülmüş
hem her türlü nedenlerle kaymakam paşalara soyulmuş
kalmış kuytak bir yeme-sıçma organı.

– Süredurum köpek! Kömür ağzı kekemelik
                    ve yemeği sahibine bağlı
olmazlamalara inançlı havlayan
her on yılda bir uygulanan
çapul kimlik, fetva emini, olağandışı çıkma-
Hüzün ait'siz burda! Irmakları kirletmişken ayağınızı
                    tek başınıza iskemlenize vurmuşken.
Robot takviminde-Ulu! Tuğracı hanedan!
Seferli koğuşu istekli yeraltına kavuşmuş
çalık ve insan biçimi bir uzayda ayak sesleri
adımların çerçevesinden dışarı çıktığı anda
fiske atılmış bir kelle cüzdanı ancak tınlıyor.
Kıllarım esriyor, "ben sana güya aşığım".

Kıllarım ve dalga dalga avuç açmış
bir göz sileceği ki nesneleri tutuşmuş,
dokunsan tahtası eksik ve tavanarası aydınlık.
Varoş bir kil yolu kayıp,
kendi eksenine aykırı omuz düşüyor.

Adınız yazılı (karınızın da), ilk filmi bir madrabaz gösterdi;
son karesi dönmüşken, bir fiyonglu padişah ensesi.

El sıkıştığımız elde kanayan
kesik değil indiğin o pina
ayazdaki kanı hatırlatan bir,
– peki, ya şimdi nasıl sürdüreceksin?
Çünkü rüyalar deniz, bizse dünya olmuşuz.

BEDÛH İLE EBUK

Anavatanımız Beyoğlu'nda lira kılığında bir Killing'e bindim;
Bre şadırvan kapalı memlûk! Palanköken! Döl içimlik zılgıt:
Dağıldım ulan! Sakız dudağımda sanki Vakvak'ın sallananları-
Muhteremler'in cumhur 4 Mustafa'sı Sik'se, anlamaz güdük
ağan babaları.

Acı'masız retorik gizemliler, sus'tur'un etözünle sesin yesinler-
Artık hayat, katık kan'at! Dilin karanfil aybaşılı mektuplarında
zarfa konmuş balmumu gerçeğe bilinen götten bacakların yürüyüşü-
Şaşkın gömüldükten sonra kafayla alnına, tak – kapağına nasıl vurursa.

Kaşınan sırtlan sırtlar resmen kaçınıyor derinden, bah! şişli.
İşlek hadımı terbiyeli orgazm sananlar Odradek kaldılar
birer rahvan gidişli makadam adam, ucuz tenhalık sustan kanayor;
tek bir uçurum ecdat uğrun ebcet-hân, hep kulelerinde intihar!

Dün düz kıvırttım, çok kırıktım, caka sayısız ben'denizde bedûh:
Boylayıncaya kadar kararlı kararıyor saltanat kayığında o bir ebuk.

BİR DOĞALLIK, DÖRT BOYUTLU BU DÜNYANIN SÖZ HİZMETÇİSİ OLDUĞUNU BİLİR VE BİLDİĞİNİ BELLİ ETMEKLE KOPAR OLUR.

Benjamin Péret için.

Tarihe batmış taşra seccadesi renkkörü
yargıç işkence fiyatını yükseltir giderek
eğer bir insan olsan akılevini seçerdin
ellerinde okşanarak çürümüş eller çünkü.

Başı sonu Samanyolu'ndan gövdeler düşüşü
arslan yüzlü bir çenginin idam edilişi
sonra bir paratonerin üzerine dikik âşık
bağırır *Sosyalizm* in *sevgilim*, Sosyalizm in.

Ve kulupara Türk aybaşılı ayı yapar kanatır
soylu kimse parlaklığı eşit iki yıldız en'e
sikimden aşağı boşalmış bir kerhane boyarım*
ağlama duvarı oluşturmuş hahamlar gibi.

İnce elleriyle alttan birbirini yalar diloğlanları
çevresinde devlet anaları angutça bakınırlar
mührü soldu mu, solacak mı şol şiir azınlığına
oysa, köksap Karacaahmet yerine oğunuyor, leşe!

Bir kâğıt iskeleti dolayında gezinir buldumcuk
gölgesinin ağzını aralar öperim, atalet kala katı.

* Madam yavuklum affet sünnet Kemal'e gitti.

BİR HAŞAT

Arrrrzuuuu...
Arzu arzusuydu, katlanarak,
insana çıktı, dışarı.
Vıcır doğa, kum,
Bedenimiz bütün vıdı-vıdılarıyla hüzne
gömük bir tarla.
Sonlukezler
kendini korkuluk boğumu ölüme.

BİR MEKTUP-ŞİİR

tenhalığa ite kaka yıkılınca
kemik zar da tutmayınca
ne olurdu?nun cevabı altına:

arzuluysanız hep arkadaşlar
imzalarınızı siz de unutarak
tek tek çıkabilirsiniz ortaya

oysa; söylenebilir her dize
okuyanın gözüne kaçan ve kapanan
bir mezardı yatıya gelmiş ülkede

kara deliklerin var olan saçları
hayata dönerken sürçmesin şiir hanım diye.*

* diye öldümdü: "vehim" adındaki güya çağıldaşların şairi, ki şimdi topluca gösteri pazarında aranıyorlar kavuştak sevdasıyla elâleme,-

CİHANGİR SORMAGİR

Ayşe Şiir hanım'a.

Cesaretsiz taşı sürüyor kulları ekber korkuluklar
Var yok bir unutu boyunca satan düşen'i tanımazsa*
Devriliyorum 'yatağı tutulmuş bu kapı önü gününde'.

Biz sokağa atıldıksa kurmaylar. Sokak atıldıydı güzeller
Sünnetimle koşageliyor çifte bir başkadan dik kavşağa
Yükleniyorum çınarını artık ağlamayı anımsayan çocukla.

Zor'a Ayrık'ın kipi, aşk-aşk'a yok yere güzelce girenler
Götveren suçluluğun hoşnutça akşamını hazin dilenenler
hiç istemezler, para isterler, sen fakirsen, gene gelirler.

Başımı arpalığa geçirdiğim gün zordan kavrulacak atlarla
Nevri dönük usûl vuran çini sürmeler el yordamı kara'dan
Dile iğdiş kumsala uzan, cinseli başaşağı mülkümü kaldır at.

Bir bildirmek uğrun Ertuğrul Gemisi ile yüzümüz ileriye batsın.

* Kim satıyor?
Kim düşüyor?

DATURA STROMONIUM

Erkeğiyle sevişirken kız sesleri çıkaran
oğlan kerkenez.

("İçinde hançerlendiğiniz hamamı unutmayın.")

I

Ha aşkım özel o liman. Terk-i derya.
San ararsa, kovarsa ben'i. Meccânen
kal, bir apartıman katı kadar uçurum.
Elinde kadeh, ayağınla sek yumruk.

Savunu için ödünç verilmiş belki
bir nefes hiçlik suluboya sevince.
Darağacı her durakta rastladığım
zarfını kanatan civa felçi mektup

belgesi bir ailenin çöküşmekten
oğulları hep dip temel temizlikte
– "Konuk farenin saçlarını buklele,
polis amcalara kapıyı sen aç."

II

Üç gün üç gece tekmelediği masa
sonunda tabut biçimini alınca
binbir masalını okumaya başladı
sivil baykuş! ölmenin varsa tüyü.

DEĞİL-ODRADEK

Nilgün Marmara için.

ol duğun kendi olmadığın
ko nuştukça konuş gülüşü m

boşluk kaplar merkez ten
etmez iki ben nasılsa sen

martı cam için gecikiyor
fazla taş kır yaşar bil gen

doku sun ki dokunaklı öl
korku yaz yaş çoğul örgen öl

kum bu su altı altın makas
çığlık nergis sevgimi doğramaz

DENİZDE YÜZEN İSKEMLE

Şimdi satır aralarını dolduruyorum.
Gündüz yüzümle aynamda uyanıyorum.
Ne hoşsun! Ne güzelsin! Atmaca'sın.
Halkası dönük bir sabırda yükselir
taş, nar, yok ki bulsun denizi batan.

Kalyon ıssız, kemerleri geçiyor dilsiz.
Siz bir çınar altısınız, hep yoksul gölgesi.

DENİZ TİCARETİ YA DA YAZISIZ VE BELLEK

Ayşe için.

Gemileri tutmuş anaparadan mantıklı insansılar
ne bir sır verirler, ne de sanduka denize gömülürler

Beni araman yoksul bir caminin dökülüşü içinden
sanki cavcav gömülüş o kuma yabancı dil öğretiyor

Düşünceden önce gelen, nasıl ikiz biçimse akışkan
su yüzünden vuran denizanası mamalingo istiyor

EDİP CANSEVER'E BİRİNCİ ÇERÇEVE

Kendi kendine deliren, sonra akıllanan bir telefon
yadigâr kaldı sizden, vakitlerden bir ben bırakıldım
uçkur üstüne benzin dökülmüş denizinde açık götümün
nesnel karşılığı usturaya vurduruk eskilerden bir fon.

– Sen de durulacaksın (mor)...
– Sen de yazacaksın (kırmızı)...
– Önemli olan düzendir (kırmızı)...
– Seni severim bilirsin (mavi)
– Belki sen ressamsın sergini ben açarım (sağdan)...
– Sen hiç file taşıdın mı evine (sola)...
– Canım Tragedyalar (alt)...
– Şiir odasının minesi soldu (alta)...
– Şurada bir meyhane olmalıydı, şimdi kapalı mı (alttan)...
– Uçucu evlât yenik garipsemesiyle çöktü mü taşa (son)...

ERGİN KOLBEK

Gecesi hiç, gerisi askı, duruşu puşt olanların
dünyasında Burhan uzandı; tecimen sakat ayağı
çünkü sevinç başkaldırıyor ellenmemiş cesetlere.

Sokak çocuğuyken döküldük biz sizin hayatınıza
hep avrat korkusuyla büyüdük, kapımız sonlu açık
baykuşu konuşturduk türkçe buyurganı susturmak için.

Ve renk! diyerek ve bir biçim, niçin içi ölmüyor?
Muttasıl ayaklarımla dolaşıyorum iki resim gene.
Sırtlan sürüsü, dönün geri. Uzayınızla başlarım yeni.

"Döğdiler hasret taşile başların". Aşk'a asılalım.
"Döktüler hem kanlu gözler yaşlarun". İstanbol bizim.

ESKİ SEVGİLİ, ÇINAR GÖLGE*

Leylâ Erbil'e.

Parmaklar tarak, saçına girince takılır
Orada Karacaahmet sarmaşıkları yasaklar
Bir hadım adım daha atmanı, kalkık ve
Zarlı, on dört yaşında oğulun mezarı.

Gökten yere koyun saçılmış
Gözüme tüten, pişmeye hazır at:
Çata-pata yağmura yakalan, gönlümce
Sırt üstü yüzelim beyinli bir deli'yi
Allah'ını bulmuş eksik bir fiille namazda.

Seyrek taşlar topal kurbağdan geçilir;
Benim yüküm üst**, aşağı çekilir:
Mülkü aşk takınak yapan yolculukta
Bir deniz atı kadar bağ'sız, devinir
Kör ebenin avaz, avaz sonu.

* İzin verin, sizin böğrünüze hançeri sok ayım
** kesip atmak üzre olduğunun farkındayız şiirin de hayatın da
(Tarih'e, tarih sözlüğüne bak)

Lanet poesis kuramına göre, töre
Çözülür uçkuru çember çeviren dönme dolap hergeleye
İzân değmiş; sayıkla ki der'hal
Kellen uçsun, Ait'siz kumlara gebe develer uzansın.

Saymaya başladım sinirlerin koptuğu yerden
Öptüm "malımı" bir siyah taşmış kesik kabuk
Kız çocuk boynu aşiret-devlet arası
İçi çürümüş sen sulak ergen ne yanımda durdum:
Bir an'lar'sa hep anlar: Düş, aferin kadın ve
gelinlikli heyecan kokan erkek.

FLORA KORTEKS VE ŞAHSINDA

Güzelliği çayırlara, mesire yerlerine
kıvrım götüren mimardı, yapıntı çarptı
çatlamış... yalnız o mu? Bir de "Dua",
tepesi halk arasında "Evliya"ya geçen!

Kimse olarak çarşafa ortak çalış Flora,
saçlarını bağ'sız arkaya at, sorular bırak:
"Bu o mu değil mi... ya da... üstelik... kim?"
Bir gece makyajsız, hiç tavırsız bir boyutta
eş ruhlarda çıkın çıksın, fiskoslar son hece.

O biçimde nehrin dibine sinsin gazel yanın,
kanın denizaltı ezanlarıyla dağılsın aslana,
ağzına bu yaralı hayvanı almasın aslan,
acısın acı ve harflerini unutsun şahsınsa.

Bu adam beyaz tana şimdi ne yollasın?
Kendi mi yollara koyulsun,
postu da mı soyulsun:
İnsan ya sever ya sevmez!

FOURIER ÇARPMIŞ ÇAPI UÇURUM

Sırasıyla çatlak ses önüme geçiyor hiç kavuşamam
Camızım ve ibne! Delikanlı ve ortalama Türk!
Borça çığlığım cinayeti işlenmiş puştzedelere

Ayak altımdan kırılıyor bütün bir şahsi ulam
Dil yetim dürtülüşlerle güzeldir, unutuşturan
Babalı'yla akşamı çökertilmiş semtler acıyor

Bir ağ'ı akıtmanın zevkini yaşıyorum şimdiki
Turgut Uyar bey gelsin, beni parka çıkarsın
Metin bey Eloğlu aybaşı ağzıma pamuk dayasın

Sizlere konuşmak için tıkaç ekmek bir bazilika
Hadi o'nu hızlandıralım, deryanıza çıkartalım
Tam otuz yıldır Mussolini ahırında, tek'iz

Özetle arka bahçelerinde dolaşırlar öldürümün
Ülkeyle, masum mesleğine kendini kıyasıya ezmenin
Sonra bir mercek, sonuna görülür ve egemenlik kırılır

Gözün gözünün içindeki derece, kımıldamaz bile, bile.

GEÇMİŞ OLSUN

Işk'sızlığın şahdamarını kesmek[2]

Üstü sürekli karalanmış bir yaldız iki gövde kovası,
yalnızlığa geçiyorlar.
Zaman tükenmiş, sustalıyla susturulmuş.
Sonsuz işareti paltosunun önünü çözmüş, bakıyor karatahtaya.
"Tıkız" aynen enez, ene demektir.
Nerdesiniz ey haliyerindesizoğulları.
Anneanne'niz yolunmuş. Karanlık tünel basmış.
Koltuğunda oturuyor sessizce saçları taranmış.
Ağlayan kayalara gidelim, anne, baba.
Selahattin Pınar'ın elini öpelim.
Meclis çalınsın, ata ayakta raks'etsin.
Sinan gelsin ölüye otuzbir çektire çektire diriltsin.
Dönelim bir sonluluğun içinden omega cildine.
Dokunarak bakalım, sanduka sülüslerine.

Kibar, beylik kan budur.
Vaha, yüz. Kumbeden damlıyor.

2 Önce *Alkolün şahdamarını kesmek* yazmış, sonra *Aşksızlığın*, sonra *Işk'sızlığın*.

HACI HÜSREV

I

"Hep yerdesin."

Denizaltının ne zaman çıkacağı belli olmaz.
- Ömer Uluç'tan E.A.'ya.

Kırbaç taşaklı polisten arap
görünümünü buğu sarmış kanlı
pelerinini de dolamış malafatına
hani inilmeyen Dolapdere Caddesi'ndeki
– inilse de makineli tüfek parıltısı arabesk minibüsü deler
geçer muhabbetinde kurşun yemiş kadar olur kaporta çınlamasından
dalağıyla birlikte boşalan bir kilise avlusunda
zangoçuna saygıyla peruğunu çıkartmak durumunda kalır insan! –

... İşte o kimse! Korkusuz bir devlet kahramanıydı
şak! şak! döverdi gündüz gözüyle önüne çıkanı
şimdi o'nun yerine bir halk'a geçirdiler
çingene kutbun akıl almaz yerleşik düzenini suçluyarak
pazarlığa yanaşmayan kasadar bir tanrının banknot kafaları.

HACI HÜSREV VE 17 TEPE "İDAMLAR DURSUN!" DİYOR

Size göstere göstere kırmak istediğim
bu Polonyalı ayna niye çatlak?
Bildik tavan neden orantılarına yükselmiyor?
Durmadan solduğum pencere mi gökyüzünde parlıyor?
Burunsuz o kız niçin bana pis pis sırıttı?
Çengel hoş el değil miydi demin köşede saran
anlam'a. Uğru iki harfin yanyana gelmediği.
Arnavut kaldırımı deniz de. Rüyada tekmil kara.
Bir kesme şeker içinde yüzerken kaldırım çayı
niçin buzlarda seke seke Fatsa'lar Boğaziçi'nden geçiyor
anneanneli merdiven tepesine tırmanmış
yelkenli bezi şişkin duran gebe çatılar
acılara dayanır, daniskasına gizli tanık
(kime anlatırsın) yanık bir yolu
(kim anlar) işaret parmağınla
(anlarlar) gösteriyorsam
am'a badana balçıkla sıvanmaz!
Çoktan ölmüş aranan vicdanlar
kurban tedirginliğine tütsü yakan
İslam özrüne zarf kılınan çocuklar.

Göz yok ki! Güzelce baksın ve kamusu oyuk
tek bir can sesiyle seni yerinden kaldırsın,
kezzapla yıkanan balkon çökerken
pusu altında kimle durursan üstüne.
Gerçeklerle dilsiz ikiye bir şimşekle bölünmüş
minaresi rum dolusu olarak yağan paşakapısı kodamanlarına.

II

Tıslamayla engel yılan geçit! Köpüren her uğultu yalnızlık yazısı!
Bir motosiklet taklak atarak önünde, 'şiddet' ediyor haberi.
Karakolu gazte kaplı, dilenen ulemaları sivil oynar
gelirler giderler kuşkulu bir dümbelek eşliğinde
elleri bellerinde iyice kavuşturak birer tokmak
rengârenk eşarplı ayıları sokaklarına salınmış
daracık cesaret bu yollardan tank bile çıkamaz.

"İşgücümüzün ardından sinemamızı da yıktılar."
Bunlar kendi kendilerinin gözlerini oymuş körler Yorgo Seferis!
Onlar sevişilen gözaltı evler tekmele tekmele açılmıyor.
Çünkü çingene kadın tek başına müsellah kelâmın kapısını tuttu.
Nasıl aşka bir boyu girebilir ibikli zorba erkeğin
hele sikinden kuvvet almışsa, toz olup giden ülkenin
alıştırarak bir kıpı parlayan mor kilisenin yanından
bir adam herhangi kolları bacaklarına dikilmiş yürürken
çocukluğunun parmaklarıyla mı gözbebeğini avucuna çıkarıyor?
Olacak bir bolluğu mu söylüyor, boşluğu?

O ping-pong oyunu. Bir 'kelime'yi bulsam gene!
İki tahtabacak arasında oynanan kahvede
Yılmaz Güney'le Mustafa Kemal'e, Hazreti Ali'den İbrahim'e,
oradan da, saldırma kadar derin bir yerüstü tepesinden
altı su bir ovayı katederek, İstiklal sokağını kıskandırdığı
o top! bundan böyle hep ve nihayetsiz bir dolunay gündüzleyin.

Son olarak hatırladığı: Taburundan tüymüş bir nefer
güneş alnında bir kör delikanlıyla sarmaş dolaş sarhoş
belleğinde durmadan unuttuğu asker giysisiyle garabet
hep aynı dizeyi ekmek niyetine avurdunu öperek yineliyor:
"İki kaş arası kızlığın kardeş kanı" menekşe kokuyor.

İdam tekmesiyle savrulan*
elindeki kırık kafeste
kendisi gibi ölü bulunan bir keklikle
kırma delibaşı yüz takınak ebeveyni kimsesiz.

* Not:
Adım adım sehpaya yaklaşırken sezmiş
Zübeyde oğul gitmekte olan döleşini
Bir yavaşlık birden bir bungunlukmuş çifte kavrulmuş
insansıları havlayan bırakılmış terlikli devleti.

Ateşkesle birlikte bir baş sargıyı
söküp yeniden dolansın.

Çok mazo ki sözünü etmek istemem.
Şerefiye vergisi niye insanlara nereli olduğunu soruyorsunuz?
Uzak gözlüklü Beyoğluluyum,
Bir de Bomonti'de EC'nin kar yağan balkonuyum.
Yoksul değilim ama başa gelmiş bu yoksulluk çekilmiyor!
Sana istersen getireyim göğsüme değen numune bir falçatayı.

HAİKULAR

boş ev-boş şiir, boş memleket

1
sınıf mücadelesi aşk müzik
alttan alta itip duruyorlar merkezi
merkezsiz bir yapıya ad koymak

2
zaman dipte zengin
aşağıda, ve kokulu yapay yüzler
geçiyor beniseni

3
son küller için
bir talihsiz duruş daha
elde harita yolu soruyorlar

4
işaretler sistemi dıştan
mesafeleri ölçer ve nedeni
bulur yokluk konuşunca

5
tarihin keyfini beklemeyenler
anlaşılır sıraya geçilince
ve anlatılır bir kızıl çizgi

6
en azından iki kişi kalmalıyız şimdilik
dokunmak için şuna:
eklemlenmeli biri ötekine ve biri birine
ve kenarda kalan kenarda kalmamış demektir
gölgesi çıkar

"HANGİ KIYILARDAN...?"

"Benim serbestliğim, aşk için kendini
feda eden gözümdür"
Edip reis beyabi'ye sevgiyle

I

Kılavuz düşmüş öne, ateşin ölü öteye
vuran gölgesini renklendirir gördüğünüzce
bir Tarkovski filminin içindeyiz, Pasolini
Godard'ı yazıyor (hâkir gören o kardeşliği)
"Serseri Aşıklar"ı (1959) abanarak taş kaldırımdan
yankı masasına.

Cani bedenle korna sesleri pür-neşe benlik kaldıksa
dibine kadar sokulduysa gök mavi'ye
revak ararız ezerken antagonizma İstanbul
kökleriyle kalkar altımızdan
tabutlar açık, apartman kapakları kapılar nöbet tutar
yarat'tık ça.

Dolaş... Yedince yüzünü mühürlerle,
oynayan sokaktasına
belki de bir ejderha kuyruğunun yanında raslanan penise
ve ufkuna
ki testereyle kesiliyor bir yaşlanmış bayanın
çirkefe değen ayakları.
Ayrılık anı bu gelen hiç kimsenin cızırtılı karanlığı
yansısı hep döner, Sahne dehlizinde, yerli-yersiz
şenlikte Olvido'ya karışırız.
(ki testereyle bir bayanın kesiliyor kavak ayakları)

II

Olvido, sen hep o kilise çıkmazında içkini yudumla
Stepan'ı sayıkla el parmaklarını sayarak karda
beynimize etten eklemlenmiş bir alkolölçerle çarparak
bombalar patlarken kolkola Galatasaray'dan uzaya
gülcü! senin de kanatlarında kaskatı melek uçumu açık.

Oralarda pantolon üstünden tabanca dayadılar
patlamasın diye saksafon çaldım bütün gece.
O. Coleman

III (Bu bölümde denize açılıyoruz)

IV (Bu bölümde "müzik olmaya çalışıyoruz" KÂĞITTA- L. Reed ve DELmore.
Beckett – "Katırı ayaklarına kazmayla vurarak gömmek" bölümü)

vruğ reis!
"Hangi kıyılardan topladıktı biz bu taşları"
Kıyılar toplanmıştı
canlı birimizin kuyusuna taş üstüne taş dolarken.
(M. Erksan'a)

Hangi kadının oğlu şair olmuş şehit olmadan
çatalağzında uçan kaygusuz kuşlarla birlikte
Şehremini, Ümraniye (Edip'le aynı tabelayı görmüştük) Tahtakale, Samatya.

Bellek yitmiyor kar yağdı balkonunda Bomonti'nin
taburende aya karşı o gençlik masasında
alev'i özlüyorsun, püskürtülen izler damarlarına yürüyor
kemiklerini çata çata gündüze girerken
işsizler aslan parkında gazetelerini örtüyorlar
çimen iblisi üstüne.

Çıldırıyor ipek çoraplar sıyrılınca vatoz biçimi bir kayık
indirdik onu, istek üzerine, dallarında
sallandık bir aşağı bir yukarı ırmağın taşrasında
ağlayan dühul boyunca! Deniz fenerinin üçe böldüğü noktaya ışık tut
kepenk kapayan eylemci dölünle inginleşeceksin.

Bir gemi bodoslama girecek kara geçmişine birdenbire
çıkmak isteyen ayının post ağzı duyuracak Bektaşi'yi
su kesimine ineceksiniz, silme vantuz kaplı votka bardağı
ülkemiz İngiliz Konsolosluğu ile Panayot'un tam ortası
orda yere yatmış otuzbir çekeriz biz aya bakarak polise karşı
sonra sönerken sarı-yeşil lambalar, laleliklere
açılacağız çocuklar örenin örenini havaya uçurarak.

Bunlar olupbiterken dışında boğulduğumuz İyonya kurnasını unutma
Asa-Nisi-Masa. Nepentes sözcüğünü tahtada gıcırdatıyor büyücü
yolları şimdiden şaha kalkmış at ölüleriyle dopdolu.

İHTA

Evet, sözcük arıyordum
yani "kökleşmiş fallus" (G. Benn)[3]
meselesi

"Sözcük"lere tutunma bırak
izci kendini yazar sansın-
katmanına bakardı adam
onu malafata dolardı
gülü diken, çentik seven.

Sürünen proleter eşi cinsel kip
şıpın işi anlaşılır röntgen'de
bir niyet çekmiş ciğerine türkcül
dolar'ın dölyatağına zabitcik düşüşünü tanımlıyor
akıl yürütmeleri, yürümüyor.

3 Benn'in buna yakın bir cümlesi şu: "Das Verhältnis zum Wort ist primär, diese Beziehung kann man nicht lernen. Das Wort ist der Phallus des Geistes, zentral verwurzelt." ["Sözcükle ilişki en baştan beri vardır, bu ilişki öğrenilemez. Sözcük tinin fallusudur, merkezî olarak kök salmıştır."] Yardımı için Erhan Altan'a teşekkür ederim.

Efendimiz nerdedir overlokçu kızlar
öküz müsün? inek miyim? fodul gerek mi?
acı şap, yapıştı madam, ahlâk eyitti-
babasını marul gibi yiyen cumhuriyet
bir tabakta dolaşır Balıkpazarı'nda.

Eee!? Üstünde kedilerin koşuşturduğu o tente
altında kasap bıçaklı bir kurt her gece durur-
Fosforlu Cevriye'yi soruyorsun di'mi bana
yanıtım kıssa: Erkekken makinasını seçmiş
Bayan İşinde Çalışacak Usta Aranıyor.

İMGE

Gençliğimde bu işi başka türlü yapardım.
(İşim gücüm yoktu o zamanlar
sadece imge kurardım.)
Kısacası,
Önce kendime bakar, sonra da dünyaya bakardım.
Şimdilerde,
(Aradan zaman geçti
bildiğiniz gibi işler çok değişti.)
Şimdilerde ise imge bana
Öküz trene bakar gibi bakar,
Ben ise dünyayı değiştirmeye bakarım.

İMGELİ ÖRNEK

"Gelecek bütün zamanlarda geçerli bir tasarı
kurmak bize düşmediğine göre,
şu anda yapmamız gereken,
varolan her şeyin acımasız, eleştirel değerlendirilmesidir.
Acımasız derken, eleştirimizin
kendi elde edeceği sonuçlardan da,
yerleşik güçlerle çatışmaya girmekten de korkmaması
gerektiğini anlatmak istiyoruz." Marx

YENİ-İMGE

Marx gençliğinde bu işi başka türlü yaparmış.

İSTANBUL SANATÇISI İÇİN GELİNLİK

Eriyik'
ten koparak ayrılınca ceset loşluğuna
çın! sabahta yankı tutan uzay fiili uykusuna
boşluktan çıkan ruhta, bitti mi?

öteki bir gelenek!
dalga uzunluğu bir bakışla
dibi kırmızı yelpazelenen mumdan
göznuru kazıyor uygunsuz başta

göz yalnızca deliktir ama
ve puştlukta yansıttığı doygunluk da
(çiçek dürbünü kızlar nallandı
şıkır şıkır kiralandı göt ama)

İnsan boyu ve üzerinde matem tutarak
duran omuzların arkalığında
gök yüzün portresini oysan
rest geleceğin renk tektir:

olanaksız olan içeri buyur edilir
ve kurar hanedanlığını ivedi anda

(yaşadıklarını suya yazanların
oturup kaldıkları dışarıdan
gazel okuyan mezarlıkta zaman
oğlunu ateşten ıskat eden baba)

geriye kalan küllerinden bir gelinlik bıraktı:

akşam gölgeyi aşağıya çekti,
gölge kapıyı örterek kapattı,
kapı ışıkları söndürerek kitledi
ve kanbastı ayaklar bir pencereden atladı

artık cennet şiirsel adımlıyor

KABIZIN İNTİKAMI VE ZEVZEĞİN DEBELENMESİ ARASINDA MISTAFA FISTIK TAŞIYAN NİTROGLİSERİN DOLU KAMYON'DAN

"ak bir külle örtülü yüzü"

Kaç kez kendi kündüme geldim, kaç bayram
misafirliğinde Allah'ın cenabet derler
davul zurna kaba-balıkta koyu akarca
dışkıda inilerken "Katil Fatih!", eşimi kaybettim.

Atlamaya hazır tozu atan halı havı-
silkinen sinir uçlarında kaynar
güneşi odada boğulan günü gelmiş,
ertesi gelenin iktidarını n'eylesin?

Kahkaha çıkınında başıbozuk devletin
kim paraysa satın almak dilerim
Türkçe'nin üstübeç kalınlığında
iççekişim demin yoksul düşüveren,
üstelik pantolonunu unutmuş poliste.

El çırpıyorlar herhalde, şak-şak!
eğilip büküldüklerine bakılırsa.
Kalemdan! zamanı da zarımda kaybettim.
Çuval geçirilmiş bir erin kolunda mumya
sınırında koşturduğum memleket dörtnala-
sarhoş yolcusu bahar olmuş
işediği eroinle zengin
garip pusu daşlara düşüp kalıyor
ve bu yüzden suret çıkarıyor canavar-altı
kılınmış kadar aynası üfürülmüş rahmim.

KADIN KUKLASI

Gülünçkişime "kişne"! diyorlar... patlıcanmorunu tutuyoruz
O kumaş parçası avucumuzda kirli, zamanla dışkımızda
yutkunduğumuz şeritsiz yolda, çarpılırken kimi kimsesiz.

Bir balon Galata kulesinde hep görmek istediğim rıhtım
İki gözüm havana düşerken yardımımı hiç esirgemediğim
Kamburu çekül yatay körlerini eşiğine uzattığım, kan içine.

Bizi otuzbir çektiren kız yüzüğünü gerimize takıyor;
muhabbet için tereyağından kıl vücut çekiyoruz
hassas'ı yok biçimini terzi makasla sarmal keserken.

Bir semt biliyorum pabuçları hep yatak altına itik;
Dalgın, gerçekte kemiği kaptırmış sinen makinada
Villa köpeğin: "Et bunların nesi, nohut yeter" havladığı.

Bu Türkiye denilen atmosfere giriyoruz matlanarak!
Nikâh dairesi birdenbire öğleyin arkadaşlarla kararıyor
Evlilik memuru adaş yargıç, tabancasını doğrultuyor.
Kuşkonmaz serçe parmağında bir pırlanta polis parlıyor.

Kan bağı[4]! Müslüman gerinip ellerimi ensende kavuştururken
Açıktan Ümraniye'yi özlüyorum, iç'e gömdürülen cezaevini.
Vakti eksik beynin tahtası, kukumav ötüyor, derken tahta

Tenlere boşluk yarılmış su rengi.

4 Şiirin ilk adı.

KAHVERENGİ HAMLET

ekin ekilirken eksik değil besmelem ama
bak bir de kargaya böcek için solucana
bir boylanmaya arka üstü bir kavramcık
elma dersem çık, armut dersem çıkma

dil dikilirken eksik değil besmelem ama
bak kargaya sor bir de böcek için solucana
bir boylanmaya kahverengi hamlet
bürokrat'la göç ünlen sığmazlığın yen'in

KALEMSİZ*[5]

Tek başına hastaneyle ayrı birim yarı-ömür savaşan zekâ ne
menem bir bahçe arabasında taşınan ikicinsli aklı (eve dön-
mekliğin) anılar boyunca yollar üstünde karısının picaması, tut-

kal tanrı incelikli dir, ama, kasten karmaşık değildir, bilirdi
sizseniz unutuluş karnımdan su alıyorlar, demek ki inilebiliyormuş

döverken rüzgârı kızlık Kuleli'de öpüştüler ağzına alınan
üst tarafı et parçası (similya mazo'dan) sosyalist dedi

söylenen kadın yanaydın, o ben oğlansı kalsa da hep işkence
kaydırak tabuttan sarkıyor kimi ölüsüne el sallıyor türkçe

tecime boynuz geçirirler anlamak uğrun iki göt yan yana.
Nilgün Marmara! Mülkünü aşırtan uçurum açılış! İbneyim
ey güzel gözlü Samatya, bari Can'ımı kurtar İstanbul kalayım

Mea Culpa

* Noktasına virgülüne dokunulmamıştır sıkılırken boğazı
5 Şiirin ilk adı *Nilgün Marmara 1*

KANAMALI PEŞREV SIRASINDA BAŞKALARININ GÖRDÜĞÜ RÜYALARI DA GÖRMEK GEREKEBİLİR

Herkes özel bir kişiyle sevişmek ister
oysa bazı adamların kafası vinç gibi işler.
Düşen blokları öperiz kustuğumuz dudak niyetine
kopmuş dilin uçkurunda sallanan tarih parçasını
biraz daha sürteriz arzumuza, beyni dürteriz
yüz yüze gelmeklik için kararan delik alevlenir
artık uyuya kalır rüyada umutsanan şiir kılma örtüsü.

(Niçin, şadırvan? Niye, kasılmam? Devlet nasıl vurdu?)

Bacağı bir kambura eklenen ayakçak adımlar
soru sormanın o gününde gülü soldurur
bu yüzden kadınlar âşık kadar olurlar
kendileriyle birlik kalkan bir çarşaf gerilirler
sonra gece damlar, kedi yılanı dardakine sırnaşır.

Yüzünü boyamıya gidersin sen. Git me.
Ellerimi yıkamaya giderim ben. Çeşme.

Arkası uçmak dolayı çocuk kanatsız çolak
yığılan çile ırmağı dolanmış şıpırtıda ölürken
kara'göz! leşe'töz! Sabra ve Şatila kampında
taşakların çalı çırpı, tahta bir zıbık elinde
tahta topu ateşlemek için elbisen top ateşi
teninden belli tehlikeli, keyfine de bakılırsa.

"Totem bacı"! Yıllardır sokağa düşürdüğüm kitap adı.
Orgazm kesen çıkma'nın korkuluklu taş duvarı
aklı örgütlemeye sıvanırcasına kişiden kişiye
yaprakları kurumuş bir takvimle bağlanır ve çöker.
Hiç! çünkü menimizi buhara halısına fışkırtmadık
hep silahları bir tiyatro perdesini destekleyen
iblis çocukluyuz, erdeniz, görevli kumunu içiyoruz
ortada ceset oynuyoruz, anlam'a tıkaç gerektiğinde
"belâgat" adı üstünde yasası Kürt bir Türke
kuyruk takıyoruz yaşasın diye çok kapılı padişahın!

Kutluyoruz, yücesinden şaşa kalınan, sakat sünnete dehliz
odaları girişin çıkışın tökezleyerek
bir rumun kendini astığı kravat kuşakla
(Penceresi gizken saz sanatçısı o da.)
'tımbır tımbır', tımbır tımbır haç kasrına doğru
dışarlıklılar yürürken
gövdenin çıplak aynası vardır!
– İşte bir o kırıldıysa...

KAPIDA, MEKTUP[6]

Gel Kalemdan kaçalım, Nerval'in içini aştığı fenere
Saldırma oymalık kurdeladan istakoz dolaştırmak için anıt-kalıp'imde.

İki kör azman birbirlerine otuzbir çektiriyorlarken parkta
Serpeleme yağmurda
Zokayı yemiş damaklarımızdan.

Trabzanlara çarpa kırıla iniyorken bir ingiliz anahtarı elde
Kıçımı koklarım şimdi, gemi arslanı memelerinle
Cam göbeği kesilmiş balçığın sisinde
Göbekbağımda kırpılan dünyalık bir tutam başla
Üç ay yükselir dolama, üç güneşe birden batar.

O'na O'ndan gebeyim, kan boşalması ağızdan parmaklar tarak
Manken'im, açıkları verdim, kız kaç oldum, fırına atıldım
Akıl casusu büyüden sözcüğü kara, özel gecelik sonu
Bir delik gözü anahtarlık niyetine giydirilmiş;
Noktası fazla, ikizle merkezi eksik silik
Hayaletine bastığım pamuk,
Avurduma işleyen çuvaldız,
Araf sevişircesine yazdığımız çökelti,
Sümbül yağıyor, üstelik çizilmiş tepemize.

6 Şiirin ilk adı: *Kapıda, mektup açma / Denize doğru konuşma*

Mürekkebe daldırılmış kısık sesimle
Hokkalar içre yüzüyorum kesik kulaçlarımla
Anamın gövdesine lokum sokulalı beri
Bu bayramda seni kaybettim, kaba-balık ötesinde
Artık hiç bitişmez sandığım işaret parmakları
hırslıların hırsızına çıkan denizde katran doluyor
Bastırılmak zorunda bırakılan toplar damar
Atmıklarıyla birlikte cami avlularında patlıyor
Mumlarla buhurdan, ölücükle zemzem, ölüçeyiz dudak
Kımıldanıyor kaşıntısı artmış bir avucun içinde.

Yeni Aile felaketi, hazırken tapan secdeye
Eşyadan dayıdan da ilerisin... Komşum ol, gerile
Yokla, var arası cezası sığınak inen perdeden
Solungaca taktı mı dili, işin bitti! Debelen dur!
Işık hattat bilir; çırpınan adamotu, belki.

Kimsesiz bindiği, denizin sildiği, yüzen denk gemi
Açılıyor.

KARŞITLAM TİYATROSU'NUN DİREKLERİNDEN BİRİ

Alnında kırmızı benek, zulasında
alınlar çoğaldıkça beyaz benek,
yüzü robot biçimi ayna, kopuş
yönünde uğultularla yükseliyor.

Dün: Meyhane sahne, kitap ülkemde
sayfa açacağı o sokaktan geçer,
yansılamıyorsam tutkal bir sessizlik
döndü ve dedi: "Hayvanlar gibi yaşıyoruz!"

Cumhuriyette de İlhan. Ne analar, babalar
karşıtlam tiyatro'sunda titredi, kendi
inini sayrılık örtüşü ölü geçit denli
ağırlaşan kefeni kaldıraç dillere döndü:

Sudan, kuduz yağmuru bir ayazmada unut
aşk'ı, serencem boru otu, mandragor gömüt-
bugün kucağımda küçük ortodoks tabut
bir dileğim olsun kanatırken parmağımı.

Pasolini koşturur bağırtarak şişayak'ı
paramparça eder sfenksi, döleşi kör gözleri
sonu bildiğiniz şarkı değil, yutulmaz lokma
fabrikaların önünde dilenir şair, bir takım.

Bocurgat, sal beni yuhalama tufanı deryaya
seyirlik bir görünmeyen kapıyı açalım, içi
kafatasını zorlamış şimşir beyinlerle dolu
karanlık koltukta oturana çevirelim elimizi.

Amnesia sokumu bir bitiriş garında meczup
kanımı satıyorum büzüşsün diye iyi ce ateş-
kalk pencereyi aç sen, ben de atlayıp ordan
örtecek olan da atlasın sonra yıldırım im'e.

Varken kadın kılıklı erkeklerde bu meme şu
entariden kıllar tıraş eden biri de çıkar
ve opera zamanı uygunsuz aryalar söyleriz
kaldığımız taşrada boş ve maske yüz yılı dike, dike.

'Allons enfants de la II'nci Yeni' çalgısıyla
eşşekosurtan yokuşunu kesen mutluluk ve arka
bahçe görüntülerini görmüşlüğüyle çukur ses-
bilim gösteriyor süreksiz düşük çocuk boğazı.

KERBELÂ SİRKECİ'DE BİR KIPI

Süpürülmüş, ana-baba-çocuk-aile-çadır-kin.
Sen, arka arkaya merdivenden terbiyeyle inince.

....[7]
Büyük bir çatışma olacak, iç-içe aynalar gerilince.

Niye bağırırsınız fol yokken yumurta kanarken?
Mandalina mı? Karides sote mi istersiniz?

Metin Eloğlu mu çalsın, Xavier Cugat mı yeniden?
Bu kadar gizem karınıza bile yakışmaz.

Sizin silsilenize başlarım, şadırvan gençliği takınarak.
Farkında değil misiniz, sağlığınız bana bağlı.

Ben-i devleti taşak geçiyor Cerrahpaşa'daki ebe;
Doğumunuzun adı 'Kılık' olsun diye Taksim'e uzandığım an.

7 "Bir dize eksik" (MI)

KİMYASAL

"Çıkmak, yaşamak; girmek ölmek demektir"

Cennetin eski tabancası
Kavağın yağmur duası
Köküne şeriat basa, Ahali'ne git
Tekneni al yoluna Nuh hayvanı dölün
Kovun geçen aşkı karanlığında günün
– "Akıllı herkes; maşallah susarak nallı"

Şimdi seni üç zebaniyle birlikte bir yatakta bilsem
"Boşluk doldurur, doluluk boşaltılır"
(Silkele saçılsın kehribarımız)
Ama bu, şu dolmayı ters çevrilmiş görünce
Üstelik çatalın çatalı kırık, gebeliğinde

Cumbada yanan bir kadınadam'dı
Döküldü benzini bronzlaşmak için
Yakışmak dolayında insanoğluna ciddi mi ciddi
Doluluk boşaltılırcasına silkele saçılır kehribarımız

Birileriyle, siz birilerini mi karıştırmıştınız?
Biz, ki yerbilimi uzmanı gövdesini yutan cırganlarız
Yarılan alın ırkçı uzmanlar arasında
Hangi duvar yazılarına gömüleceksiniz siz
Soruları sorduğum gramma'rika'da bir çıkrık işliyor
Ey benim çetrefillerim, ey ısırdığım yonca devleti

KÖPRÜ ALTI

Cinsel organlar küfürlerin içinde
geçiyordu yaş büyülten görünümüyle
don tanecikleri izinden kan taşı süren
deli Ana; markiz dilinde ıslıkla ve sözle.

Öteki yanıtsızlar için bir-dilolojі taslağı üzerinden
temize çekilmiş ay beyazı alt-bilinç meyhanede
nensiz esinti bulgusu-uçkuru uf'ukla
kaşer peyniri, salak kavramla akşam,
karga boku, dilbilgisi
şiir sümer bakışarak yağa yatıyorlar
imgeleme ket vurdu demirli
tenleri dolaylarımda durdular
gelişme yok ülkede geriliyerek
zırhına burun, anıtsal'ı bekle.

KÜÇÜK SAHNE'DEN[8]

Biçimlenmek, suyun mermer kımıltısı
yoksa da bir rabbin ayak şıpırtısı.

Böyle metruk anlağı cezbe bile görmedi:
Taşakları kum torbası, uçan firkateyn-

Sana benzer bir adam gelirken uzaktan
sen "al, al!" yanaklarınla tıknefes ve Masoch.

İstanbul, her yamaç anaya yaslanan dul çocuk
babasını bize göstermeyen, bir başka rahmi var.

Sözünü kırdığımız o memebasma sokaklar
satışı mafya ellerine vurulmuş kelepçelerle.

"Bu oğlan sarışın üstelik güzel kız!"
Nasıl kapanmış, telefonlara cevap vermez.

Birkaç adım atınca meğer memeleri varmış
karanlıkta taşınan döl vazgeçemediğim*

* kımıldayan bok!

8 Şiirin ilk adı: *Kımıldayan bok.* Üstüne düştüğü not: *Fazla kafiyeleri kaldır! (ses benzerliklerini)*

Odalar ağaç dolu, yerbilimi belkemiği
bir ortada sıçan orgazmın büküntüsü.

İki ceset bir ceset karşılığına çekilirken
bu ülke bütünüyle uyuyordu, kapısı fodul.

Nasıl döl kokarsa bir nefes sarmısaksı
karabasan beynini parmakladım: Çığlık yatak oldu.

Sayıkladıkça Ümraniye! Nabız atmaz ayışığı-
Çakaltepe! Kumburgaz ile Yeşilyurt!

Adana ve kalkmışlıklarıyla tabutunu denetleyen
devlet sanatçıları hepsi arkadan gelirli fodul.

Hayatta akış tenin bacaklara sıvaşmış kimliğini
esnetmez eroin, baktırır ve bakılan hüsrana kalır.

Ağzı pamuk tarlası yangın yeri diller yalanır
ve güneşe tutulan bir çorap gözlere takılır.

Son pirinç tanesini gagalayan süt surat
kamburu ve sıfatsızlığıyla bağırınca: "Ölüler, çeşme!"

Şimdi bizden babalanmış parka donu bir kostüm:
giyik ve oturduğu idam sehpasından nanik yapan

Bir çocuk annesini kaybetmiş uygar polisin elinde
Bir başka polisle karşılaşır diz çökmüş ve enselenmiş.

Bir anzağın kollarında debelenen zevzeğin
kulis koridorlarından ruhunuzu karartan dönme-dolabı.

Kumun çekildiği deniz artığı apartımanlarda
sevişen bir balkon olmalı, onu uçurum ve maske.

Hiç gözükmese de, bine bir çalı çırpı koldan
aydınlığını görmüştür, Rum dünyasında Beyoğlu.

İsmi gerektirir, çünkü terbiyenin intiharı
yalnızca pencereyi değil, manzarayı da kapadı.

Bir dolapla, ağırlığı terazi ve kapakları yıldızlı.

LEBBEYK TEMPO[9]

hayvan sahne tümden yeşeriyor-
bütün vatanda bahçe soluyor-

nerede bir "ben", seni soruyor-
Galata Mevlevihanesi aşkı soluyor-

gördükçe kararan kütle arzusu-
yoktur ciddi sevişmenin sonu-

yığılmış üste penis ordusu-
sözlüklere batman, yalnız vatman-

o sinemacı için körleşmek-
elsiz olmaktan nasıl yeğ'ise-

öğelerin bozulmuş toplamı-
tabiat yitimi orantılı-

gayb, telsiz bağlantılı alıcı-
her dönüşü yerbilim ustası-

nen şair? için'de özetine-
bokla parmağını çalıştırmak-

9 Şiiri 11 hece duraksız bitirmek için not düşmüş.

dili kesik kalemle uyanmak-
döleşini gezmek etöz'ünle-

istek ibriklerini taşımak-
okyanusa düşünce daldırmak-

Kaverna arkadaşına birlik-
yön, kendini çizen gövde işte-

sanatsızlıkla kay! yan yana-
oğuluz, üvey uçurum uçar-

gök'sarnıcından balkona düşmek-
sevinci hiç bilemezdi, esti-

sensiz sallabaş oldu gitmek-
aldı onu semantikler çin çın-

çan sesleri niçin sâlâdan az-
yormak: nesne "yer", özne "yer"-

kuduz hastanesinin önünde-
al! bayrak helikopter bekliyor-

Mam'hâl'e! durur, "sen nasılsın" der-
yatakta geçer ömrün niyetin-

kanser maddesiyle doğru ismin-
kaç kez sırları sürüklenmenin-

sana göre olur böyle şeyler-
Behçet'e ağlarken, göçerken-

sürçük Kemal çıkar o gemiden-
Bayram'a sevinirim yeniden-

uyku göme göme Yunus âlem-
yum'şak kıskaç sıçrar ermeniden-

fiyakalı buldumcuk cicimler-
nasıl bağlanıp gelin gelirse-

bir sikiş ki iki nokta üstüste-
pirinç karyolada canlı, sevince

memleket cismi Süleymaniye-
öteki küre; kutbu zerre; ters lale-

eskir çocuk küveti dibinde-
anneler kadırga, suya gebe-

ipe çekilince resmin'yetin-
reklamlardan bitek şiir inin-

dokunduğum deriler yüzülürdü-
öptüğüm yanaklar büzülürdü-

ayn'in düzlem, ayrı çok reçete-
alkolik doktorlarca yazılmış-

unutulmuşmuş yoksun sahneden-
türklükmüş din, doğudan batarmış-

abuksabukluk koşarmış renge-
tazammun eden, dikkat fiile-

tek rahim tecim anlamı bulsam-
manayı aşırır gamlam'anlam-

cepteki yumruklar çıkar falına-
ses, tahtından kayar yamalığına-

erkek ölür kadının omzunda-
kar tüyü, diriliş masalı, ya-

uğramış iskeleti sahile-
vişnemoru tenhalık Tezer'e-

belki ezkenazi "arap" seni-
çünkü kahrı üştü Benjamin'e-

aile ferçleri cem'a namazında-
secdeye takıl, dibin boyla akıl-

gazeteler kaplı kara kolun-
Hacı Hüsrev'li ping-pong oyunun-

sakat itilmiş yatak altına-
raylar döşenmiş'i sen bilemezsin-

işsizlikler girdabı kardeşin-
ablasına sevdalı kimsesizliğin-

delik ayak'kapıların timsahı-
sürmeli, bir toz süzer hayalin-

tökezleyerek gitseler yine-
"kanun"-işi hep! kesik mecaz-

can hoplatan mesel yaptırırım-
içrek an'la, cinayet üreten-

alnındaki ağzından nefes al-
artık Samatya'dayız Edip'le-

iki deve geçiyor tam bulutsu-
ayna sırtı görüngüsünde Ece'nin-

menekşelendi hayli sular yolu-
kip'i, tekniğe bacaksız ko'du-

ebruların siyahtan çıkışı-
çatık bızırını yalamalı-

ağzına doldurunca dolunayı-
inşadan inersin kalıbına-

orada, duvar altın kaplama-
çükü özgün kesmek makasla-

ferîştah orgazm inler aykırı-
tabut macera günlük macera-

konuştukça ulursun kırmızı-
yaykız! dökülmüş bacak arası-

çinko damlarda bir zenci meme-
ifşa eder kimlik çıplak kalır-

yüzün hürmetine doğranan-
dekoru ört, ipi ger, ne kalır?-

psikoz et, pickpocket, aleph-selef-
ahşap meryem, bel kabı, saint-joseph-

bir dahaki gelişte anana-
çarmıh avlulardan dönenceyiz-

ne bitmesi! non troppo lebbeyk
blok film Muriel canım güneş-

tutulunca kitapsız puşt bellek-
ekran beyne kaynayacak özdeş-

katli suikastçilerimizin-
1 ! yarın yarım-adama yakın-

mezardır açılmış her bir dize-
hazin ve kapanmış götünüze-

ilk ölçü, son mecbur, dön mazo-
1002 günlük çile bitti, şizo-

kalsın pamuklu Nakkaş Tepe'de-
dede: emmek metni eroinle-

cüce, ninni söylerken baba'ya-
erdişi babil doğumlu ağlar-

eldivensiz prens sünni Hamburg-
kurmayken dolaşık korkunç korkuluk-

iktidar adem barok silinse-
nerde bu güzellik, su yataklık-

harabolduğu kındaki çeşme-
yolumda ölüm milli, küçükseme-

Necip'le koordinat geceni-
yanık kafa, aydın Beylerbeyi-

ceviz ağacı, yetti, şam bağcı-
kendini kaybettiydi bir böcek-

kalfa müsvette kâğıt dikiyor-
harfleri iğneden geçiriyor-

çatıda isyan çıktı nite'kim-
aşağıya inmek isteyen kim?-

beyaz noktalı zamana gizin-
ruhumla sulanırken bin cenin-

sıvanmış çicek tarhı mumyalar-
merkezinden külden kuşlar sarkar-

suskunluk konuşanları sevdi-
komünist parmak hep bize girdi-

cumhuriyet 64'e bölündü-
anason salonlarda böğürdü-

tüy mağaraya! siz cephaneliğe-
babacılar aileyi öldürdü-

uzay kamerayı yerde gördü-
sivil ve polisler tam göründü-

"bel kemiğine! bel kemiğine!"-
aks kırıldı, ateş edilince-

imgelem yaprakları, kafeste!-
tiyatroda izleyici, Coyote!-

MİSKAL ŞENLİĞİ (1989 yılbaşı)*

– *"Ne güzel böyle bir günde yaşıyor olmak"*
– *"Bence fazla ileri gitmek olur bu"*

Allahın askerleri vazgeçmemiş dünyadan, delik çelik
taş kütlesi yanarak dönerken fiskesi alaca döküm
kız, sen ongdasank gene kara koca dikilmiş evliya.

Siz neredesiniz? Sizin akşamınız çözük mü, erligining?
Öyleyseniz, aşka baştan tapınıyorum sahte sersem ulus
çengileme züttürük, şıpır şıpır aklımca, ölü-ölü.

Çınarları devrilmiş uylukla yatırlar, yüzlerine nal çakılmış
üç at şaha kalkmış, gözleri kızlık zar, ayakları tahta, çatalağız.
Gökyüzünde pıhtı var mı, ki ilerleyelim beyler, gidelim.

Mahun sandalla çarpışmayı andıran rastlaşmalara
artık-dilim yanyana demeye vardığı bilim, çoktan
geçmiş olsun... çök el çek! Birlikten kaçayım nakş'edelim

gündüz mülküyle fazla ayyuka çıkmış insanoğlu'nun bir uğraşını.

* Ya da *"Tarla'nın mescidi"*

MUHÂCİRÛN

"Hızlı hızlı konuşan ilkokul öğrencilerine"

Canlıyken sen beni istemişsin bir koyun boyu şairle yatakta
Şimdi elleri tutuyor, merhem sürüyorlar kureyşin doyması için

Ne kadar sürdürebilirim dil yoksulu yokuş çıktıkça bilir misin
Ne densiz ağır, yetimken manzaraya bakmak, o'sızı kendi derişmek

Bilfiil aklı şaştı durak şeref duygusuyla, kurutulmuş zeker şaşar
Arap Haşim de olsa da sizin ve hayvanlarınızın da dehşeti yağar

Burda gitmek bilmem çünkü sağanak diye yağmur önüne saçıldım
Yineleme, kalınca kal: Leke, *arınık arınık arınık*, toparlandı mı?

Yalnızca çizgi fıskiyesi gökyüzünde çok yaşamış dürüst çocuk
Ayakları yerden kesilmemiş, sıçıyor oturaklı mâlik geçmişinize.

Sonu gön kim ola kuyu bula kum sele taş sula aşk kula yarı aç
Sonrasını sok. Dileğim o, çekinik açılmaz göt. Bir kezliğine ver ki

iki kez yoksunu doysun dokunsun duyururken ezsinler de bileyim.

MURIEL

"Bu mutlak! bakışı mutlak oldu!"

Artist bakışlı sosyalist mitler
Yedi bitirdi bizi anneler

Yine de kekik bahçede köfte
Eksilmedi hiç, ceset'e kazdı

Közsemek izledim! Heykel ateş
Yanık durdu kırda, şaryo tenha

El öperken vurdukları balta
sayıyla bizi dize getirdi

Gün özrü sözcük, çiftleşen kabuk
Tırnak eti kazı, yanaklar kan

İşi gücü yuvarlanmak olan
Düzgün ilişkiyi kaldır ve at!

Figüran kayıp ufukken özgür
Yelken tüzük açkısı toprakta

Kaç kulaç daha ineyim dibe
O misinada, kambur teyzeler

Nesnel koşullarıymış Moda'nın
Kayık'a sikişip saltanatlar

Kurtulur gelir ensenden vurur
Huni yara çocuk zıvanalı

Günü'ben burdan oyunsuz aya
Aramızda Kızıltoprak yolu

O zamanlar yoğ'du kemalistler
biz yüzerdik boğazdan yukarı

O cibinliğimiz çırpınırdı
Konuşmak isteyendi ölmüştür

Bir gemi üstümüze gelirdi
Yalıda sürtme, şamdan, eğlence

Derken el sallar herkes herkese
Kalan kolsa dimdik, yaraksı

Subayla birlikte erbaşını
omuzdan boğulmus, rütbe'lerdik

Çuval ergen! Kıyı selamlıyor
yaşlı, bacakları sarkan rum'u

Bir kentin bayrakları inmiş tüm
Vişnemorun aybaşı rengine

Büyükbaba! Tutulan oturak!
Hiç kaçırmadık! Hep elimizde!

Devamı gelir bok şelalesi
Polisin sunduğu daturalar

Kimi cin falında, kimi eksen
körle sağır alfabede sevişmek

Okuma! Falı erkek elinden
Yaz! Bellek öpüşü evsiz sirk

Ben canavarımı bahçede gördüm daha ne isterim.
Yanında, genç bir faşist vardı kendini solcu tanıtan.
Rengi para kâğıt söylence rüzgâr Haydarpaşa'dan
Çankaya'ya kalktı. Dilbilgisi dilindeki kanı toplardı.
Gecesi duvar resmine başlayan karanlık.

NENLEŞMEK ALANI

Mermer dünyanın sarayında yuvarlanan göz kimin?
Atom ayırıcısına takılmış gün aydınlatır mı yolu,
suskunluk mu, örtünce üstünü oyuk,
anlak anlaşılır tuzaklarıyla ya da uzaklarıyla yüksekte mi?

Simurg sözcük size bir kale mi diksin,
bitim yontusu bir başınalık taş masa?
Yaşayabilebilen kimi kuşlar kimi alevler olmuş
altında ezilen uzay mıydık biz?

Belki de tereyağından kıl çeken bir parmak,
üfürük sözü gerisine kaçmış
eğilip öpüyor görünen yeşilliklerini alanın, gece
onun için burdan geliyor, yaprak yaprak.

NEPENTES

Elinin tersiyle okşayana kızlık yüzünü
vereni çeken allahı bol, şahadet isterim

eskiyen yüzümle, karanlık iç oda kardelen
sizi beklemiyorum, sütçü eller tasında

sarasına gidiyor fasulye karnesini okulda unutmuş
önlüğüne bulaşmış mürekkepte aklı tutulmuş

idama gider kürt kadına gelen şahzade
terlikleri, eşliksiz, artık bun'a gömülmüş.

O hıh var ya, o kıh şebek ikiyüzünde vatanın
kimine caydırıcı tabanca, kimine teşrih masalı mecnûn.

Vezir, virgülü nereye koymasını bilir.
Hangi kanat, kuşsuz tabak, elde nen ve örtü.

Sandıkları kadardan da çok üstü çizili insanoğlu var.

O BERDE[10]

Geçit Kalfa'dan "Fafa diyez"

Şiiri bu dış dünyadan dışladılar; fizikte
Çok yanlış da yaptılar, "rüzgâr ezmez" ki...

Dostoyevski konuşuyorlar alıkınca yarın-ağız-
Burada bir etki varsa, Mişkin yağız...

Ayzenştayn mırıldanıyorlar... Susamış
Kaldım tıkandım. Satış vakti... Olası "düş" kaça

Siyah-beyaz Sebah'ında. Çaparide intihar eden
El'im cihan sabahında, yenilmiş çürük kılıftı.

Gülüyordu cıbıldak kahkahalarla
Piyano basan, akşam erken kalkan

Hacı-yatmaz*!

"Kule" bizim "kale"den bok mu farklı?

10 Berde köle anlamında olabilir. Argoda cinsel birleşme anlamına gelen Belde olabilir, çünkü şiirde eşcinsel argo kullanılıyor. Şiirin ilk adı: *Ece Ayhan 987*

* Vıdı vıdı bilinci dönüyor ve havlıyor elleriyle

İfadesizlik kuluncu yeni yetme memlekette
Üç cadaloz'a ait dul sahne, merak niye dolandırıcı?

Bir larva yakalamak için'sözünü tamamlamıyorum
Arap(Oidipus R)ex: nefti üzerine katran önce-sonra resme'diyorum

Yakından surat am'ı, bütün renkleriyle satrancın
Hem öğrenilmek diliyor, hem beldesiz ölüm'gömmek...

Irmakları şimdi tersyüz et katı havada tut

Kireç çizik kömür yanında ya fena, ya yanar
Çünkü ara duvarlarda hal'en sensiz güzel bir çökülüş var

RAKI ŞİŞESİ DİBİ BOYLADIKÇA
HORASAN OKUNURDU BUZ ALTINDA

"Dinle, bizden sonra şair çıkmadı" dediydi
Akçaburgazlı Yekta.

Halının üzerinde yavrularken şarkı söylemek
ve dört ayak üzerinde dururken birden fazla
ters takla atmak isterken anlamak ve becere-
mediğinden dolayı yuvarlandığın yerde dama
domalarak kıçın kıçın camdan dışarı çıkar-
ken için için dışkabukta havlayarak emeklemek.

Bütün bunlar olup biterken bir boyunduruk
yüzünde sinirlerin deri altına dikilmesi
yeniden yap yalnız arka bahçede ayaklarını
topuklarına vurmak ve dimdik duru durmak:

"Tarihten geliyorsak, niçin kendimize gidemiyoruz"

Sıvışmak kelimenize Kuran mı çarptı?
Güzelliğinizi hep yüzbaşılar mı ah'tı?
Abdest almanız geberik gün atlaması mı?
Cemalettin Seber mi bizim en büyük şairimiz?
Zevkle gelsin istediydiniz, sonra o'na n'aptınız?
Sezar'ın hakkı lumpeninse sizi mi gerdi?
Başka bir yere gidip Öteki mi oldunuz?
Kafanızın gazetesi uçkurlu devlet mi?
Mahsur kaldınız diye öldürüm gerek mi?
Kim sizin arkadaşınız, yoksa düşük müsünüz?
Afiyetiniz, ağzınızı dolduran teke tek iblis mi?

EK'i

Nedir aklınız başınız, çükünüz ellerine mi bulaştı?
Bir infaz mı var? Hiç mi âşık ülkenizde kalmadı?
Yasanız gerinize mi kaçtı?
Esnaflık yapanlarınız çok mu çoğaldı?

RIZKINI MASADA TOPLAMAYAN "GERÇEKLİK" BÂKİ Mİ?

"Ben rızkımı masada toplamam"
(Mehmet Güleryüz)

Rızkını masada toplamayanlar'a bir not.

İnsan demiri bozulmuş dökümden yüzdür.
Silahıyla göçücek, omuriliği sanki kadar.
Anlamayana sırtımı bugünden sundum.
Bir cinayet içinde, iki ayağım birden sürttüm.
Sizleri benden sesler dışarı atardı, diye
Aybaşısı intihardı bir gün, güneşi tabuta
dikik yerli yama.

SIRADANLIK BİLMECESİ

"Ses, genel bir dünya olmaktan çıkıp bir nen oldu."
(İlhan Usmanbaş)

"Bir buluş yapmak kötülük olmuştu" (Mobius),
bir olguya bir de imgenin çınlaması eklenince
çıldırımda yitirildi insansılar nezdinde.

Kurban ya da okur-yazar ya da baldıran zehiri
aynı katman dokusuna sızdırılıp kapatıla beri
yerçekimi yok! Sorun çok! Ezik-büzük ülkesi'nde.

Sallantıda erkek kemiklerinden kubbe kadın hiç bile:
yapıldı, kapıldı, satıldı, alındı, kaygısı nakşedildi
canavarı başucunda, sanki kırık aksı askıda bir bebeikon
kaynağına uçurulmak için tuvalini tanrısının önüne dikti.

Taş atmadan camı kıran'çocuktur buruşursunuz
yoksanmış bir el çırpmasıyla mahfelde ağlar
düz giriş ağzını kapar kuş kanadı serbestliğinde.

Bozgun karmaşasını yaktığı köprüye diken el-
kendini diker ortasına Sultaniye avlu gökyüzüne
çıka merdiven, bata mihverin işçi sokağı.

Ayağa kalkmak için yerinden koltukları deynekliyor
ertelenen bozulum sokağında bu yüzden kapanmak
bilmiyor pencereler şimdi.

Çardakaltı sorusu içkiseverlerin:
– Arkanızda ne görüyorsunuz?
– (Kimi ayna görür, kimi şişe.)
– Kim görmez plastik bir irisi sapına kadar diri.

SULUBOYA ŞARKIN RESMİ

-Kün'e dair-

1
Kini insanoğluna değil,
ağlıyor düzülen melekler;
içinde bir çocuk büyüyor
ki, bir zamanlar çok emekler.

2
Baba İmge, kızı boğuyor;
ana o, Karacaahmet'te
gerilmiş sarmaşık yelesi
mezar çıktı'da, garip mizaç.

3
Uşak, efendiye seslense
'git' şu müntehiri sev dese
verilen emirdir, ne yazık;
ama giren kocaman kazık!

4
Ölü göğnü kuşlardan tabiat
zamana kulaklı bakıyor;
Allah, ki sözünü geri ver
olmuş, bitmiş, ruhtan kesilmiş.

5
Kendine yelkenli doğmuşu
çamur çalar deniz cesetle;
deli! dili kesik kalemle
ecdat uzaklaşmış bakıyor.

6
Yıkan! vakt'i alan hayata
aşk daya; zar ko; ak noktana;
at!mık bile artık karanlık
vatanda izinsiz geziyor.

7
Yaşatan var - yaşatılan var
zindan izlerinde çocuklar
şeytan minaresi topluyor
kıyısı kayığında imam.

8
Sırta saplı bıçak yanıyor;
nesebi gayrı sahih oğul
neresinden baksan ağlıyor
canavar gözüne kül dolmuş.

Rabia Bayraktar[11]

11 Mustafa Irgat, bu şiiri Rabia Bayraktar imzasıyla yazmış. Rabia Bayraktar 1929'da doğup 1954'te İzmir'de kendisini denize atarak intihar etmiş bir şair. Ankara, İzmir, Aydın gazetelerinde hikâyeleri ve bazı dergilerde şiirleri yayımlanmış. Kendi ağzından biyografisinde şöyle diyor: "Sanata olan aşkım, kocam ve çocuklarımdan üstündür. 15 yaşımda evlendim. Üç çocuk annesiyim. İki arzum var: Çocuklarımı iyi yetiştirmek ve tanınmış bir sanatçı olmak." Şiirleri ölümünden sonra vasiyeti doğrultusunda kardeşi Güner Güneş tarafından *Mavi Çocuk* (2001) adıyla bir araya getirildi.

SUYA YAZAN SARKITI

"Sende düzanlam hiç yok ki, hep yananlam"
Yan anlam, yan sınır

Homongolos'laşmaya doğru bir ağ kelam
hüsran, çocukcağızla birlik koşarken
yazılmaz düşerek takılış gece
– *Kuluna saçtan üç ay lütfetsene*
– *Al sana baba. Mum kızı eline*

Çeşni olsun diye kimine koma
adın çıkınca öteye iskânın yok
daldır teni ölü içi yatağa
– *Yeniden dirilişin iblis günü*
– *Dekman'a teslim sosyalistçe nergiz*

Aynanın karşısında güvercin takla
beyin suyun aka aka belinden
Agora'dan, spirali alınmış*
– *Kip deniştirmek, ne de zormuş ferçli felçle*
– *Şimdilerde kazılan uzun çukur "çorak deve"*

* Beyincik kaçıyor uzamda meskûn bülbül

Suya geçtim medeni aşkın üstün
pislik kürkü boşandım ilk kez tüm
tazı niçin taşır fahişten Ulus'u
– *Levent'ten kalkan bir başörtüsü*
– *Niye kızarır giderken Fatih'e göz göze*

Yollarımız ayrılıyor çocuklar[12]
Karacaahmet'teyim, nerdesiniz?
ey örgü örgü buluğ zarı mezar
– *Yolun buraya kadar açılıyor*
– *Geçir kefeni çamura, başına*

Bir ibibik iki kesik itişirdi
orda övüşürdü sonradan görme
uzay için geç. Dikili ve taş çok
– *Beden bir armadan kazınıyor çün*
– *Bakır oksitle uyanan ortodoks görüm*

Masalsa varlar, bakarlar ayıkça
gökyüzünün yarısı boşanan kan

12 Dizeyi sonradan *Yakamız yırtılıyor çocuklar* diye değiştirmiş, ama ben eski halini tuttum. 30 Şubat - 15 Mart 1993 diye not düşmüş.

TAŞLITARLA*

Kırıgın bir şişenin yamacında kul var;
o kadar ki adım kalıp çiziyor ikimize.

Şadırvanlık ansıyışın günlük kubbedir;
su da kırılmak isteyen açıkta dirsek bol.

Nasıl sözcüğü kumda yazılmaz saydı deniz;
kimi çıldırıp taşarken müslüman göçtü beden.

Kalan dalgayı bakış kıza armağan yediler kâr;
ben sana dokusunu gösteririm ama ten lop-lop.

Nefesi esnemeyle karışmış vazgeçmediğim bok'a
gerdan kırık, uçsuz bacağıyla düzülen kan atı.

Bir kadın çıkmazı sokağı. Bir kadın sokağına çıkınca
yolun olmadığı şurdan belli: İstemiyor taşıtla giden seni.

Bir 'girmek' sözcüğü bir 'kalmak' sözcüğümü emince
Necatigil. Kim kimler bun'lar, kimikimsesiz sorunca. Bızdık.

* Korkum şu ki: "Ölmek yalnızca saydam cesedine dilden değebilmektir."

Örtü elini tutsun, tütsün diye örtündük. Kal iblis.
Bu boşluğa yeni hüt-hüt gerek, uykuda Bizans ağası.

Senin bildik suratı kendi götürmeye gelmemişliğin
bilgi sanılan nesnenin üç parmak uzağında oluşun.

Aklın ötesini merak edenler çok oldu son yıllarda:
Koku sen *sem*. Bir tecim anında sancısı da kırpıyor.

Belleksiz yaşayana nüft'üz; bir, iki ya da dört dal aşağıda
sallanan ayakcak imkânlı ölüye çalışarak aşıksak ancak.

THE KILLING

*S. Kubrick ve "bir filmde kımıldayan bok"*a.

Bağıt arka mecaz, dalgası bağış, casus bakıyor.
Yüzüne su çarp, dilini çehre kullan, us akıyor.

İstemez buyurmak, dilemez soyulmak, gene de soy:
Her katlanan ceninde mahfellik yarına doğrulan

soğan çocuk değiliz, o zar gülnihal yayılan
yeni telde uyanıp uyumak için son kezliğine.

Yastık kadar baş. Gerin gömülürken ezan sıvıya.
Geçtin öteki kıyıya, sur-içi sazlık nazarlık

hangisi takınak, mazgalı köşe kelle, oğlunu
aç bırakan analık, gelmez ruhu akmaz asfalta

yatar rahmi ağzına kızaran süsleri ham ve cam.
Neden böyleyiz biz? Af dilemek küfürden pişmanlık.

Çocuk eli tabuta dokunan kim? Yelken yalnızlık
açılınca kapalı gözlük at isterim, kaybeden.

Bilinmedik kutudan "eyvallah!" demenin türlüsü
çıkar ağır çekim çıkanlar çıktı, çıkamayan hiç çıkmaz.

Mat öncesi çekirge! Kazıyı yöneten bu böcek!
Caketata! Size para veren kimse, sonu yor du.

Akide şekeri buz, anasız-babasız aile
hırıltılı sesler çıkarır vedre bir yeniyetme.

Aşkına günaydın! Su altına gerilmiş pencere!
Ben ufuktan boya dikerim, yağlı kızıl karınca

nerde soygun varsa, abdest canları orda çalarken
yatır beklemek belki gövdeleri deşmekten iyi.

UNUTULMUŞ DÜLGER SÖYLÜYORDU YANIK YANIK

Sürekli bir öteki dünyaya gitmek isterdirler
O da hep ben'leri içinde bilfiil gizli
Sözü söyletmek adına, yıkıntılar dili kadınla.

Ahlat bilgisi! Belagât artı-öteki uçuşan kanat!
Resmi iki bölü arasına püskürtülmüş ve solmuş
Neresinden kanıyorsa soyunalım orada güneşlenelim.

Gebe bir ağaç gördüktü anımsa korkuda titrer,
Oysa rüzgârıma geçmiş bir nefes taşı
Civa felci mektubu açıyordu, yüzü elimde.

Sen zar ol! "Yeter!" de. Maske kemik kırılsın.
Kimse türkü bilmedi, yolculuk kazada çiğnenirken
Başınız sürügen çükolsun, yalanla yaşanmaz değil mi.

"("YALNIZCA 'BURADAYIM' DEMEK İÇİN YAZDIM, SELÂM OLSUN DİYE SANA")"

1. *"zafer" bayramı laponlarda*

vermem asla kelimede uyağı, *hüznünü*
bir ikinci çarpılmadan dolayı, felç *yüzünü*.

hazır-yapım ben şiiryorum ve vermiyorum
vermiyonum vermiyandum verdimiyendum
ve verme ver ve bun'a uğrunu vermever-
havasız sanat balonları uçmadıkça* derine
gökyüzünde iki yunus sıçrayarak eşlemedikçe**
tecim! demedikçe. dört ölü ekseninde!

2. *laponlara "şe ir"*

şimdi cumhuriyet bayramı biçiminde
zamanı değiştirdiler örtülü h'içten.

Abdal, birlikte ve şekiller
ilk kulaksız körler, iyiler
ne yazdılar? kimler ki çizer:
dağınık bir kar üzerinde bulutları kara
sovurulan çevrik sözcükler, çevik mânâ'lara.

* Havasız sanatın balonlarını uçuruyoruz Ömer Uluç'la!

** Teknenin önünden çaprazlama sıçrayarak giden iki Yunustan biri zıpkınlanınca şiir yazmayı bıraktım.

– mânâlar kim? bana fazla kaçtı
– o zaman sen de "Nâzım" olsaydın
– Tragedyalar'dan sonra sonbahar gelir
filtresi kırmızı bahar sigaraları içmekten
ölüteyze, ölüağaç, –ölüsensin –ölüben

3. *laponlara "şe ir" ister;*
şaire lapon isteyebilir.

suliye hamamında kubbesiyle kaydı[13]
zırhı karakışta karton içli bir delikanlı-
öteki, ören! adı geçmez beyni patlamış ekranda
önce sıyrılmış iskelet, sonra geni sıyrılmış
tavana havı yapışık ötesi kara kıçla

Taksim'e çıkarken sen kaymadın çünkü çüksün'dü
akşama aklının dolanışı, patlangaç kişi yanın,
gizliden kıskanç kıpırtılı: bok! şiir'i yazılı!
sizleri yanaklarınızdan bir kez daha öpmek için
Turgut efendi maviyi şiire çağırdı açık ve koyul
kıyılarına arzuyu çok ciddiye almanın Edip abisi
sadrazam cinsiyeti sarsılmaz Cemal bey'e gömüldü

13 Dizenin ilk hali: *Üzümle doyan ece'ydi kaydı cihangirlersiz*

Son üçünün mezarı bir rüyada yakın gözüküyor
İlkinin toprağını, kimesne taşıdı sanki iki kez düş
ve Beyoğlu'nun bin sırtı tepeden uzun tabuta yürüyüş
sıfatlarsa, sınıf atlarsa, ortadan kalk

4. *laponlara film*

sonra gelmedi şair ülkeye[14]
çocuk kuvveti içinde eskir
bir kul kayığı, deryaya gebe

kulluk bilinciyle yürüyen kolluk kuvvetleri
sonunda pes ettirecekse ben-i ademi
adem seni şimdiden nakşetsin davlumbaza sünni!

5. "bizden sonra ülkeye gelmedi mülkiyete şair"

dikkat edersen bu söz sana Reşit
geceyarısı yarakları atılan o barda
votka kadehine yatırılmış hayale söylendi

İmdi, kumlu tenini ağzına doğru iyice dürt.
Hıyarlar! Yanlış bilmece yapmışlar, unut.
Kareyi karartmayı bari sen unutma. O'nu, Hatçe!

14 Dizenin ilk hali: *bizden sonra gelmedi şair ülkeye*

"Bataklıklarda ya da gömütlüklerde
geceleri görünen hafif pırıltı" demeden
unutulmaz bir niyet çek,
kaplan ağzında atmaca tek.

Guguklu saatlerin içinde çalan ve
saat başı vurmayı hepten unutan
sıradan sıradan sıradan ahşap öpüş.

Patlangaç:
– yerine geçelim
yürüyelim: taş arabası
yoksak uzuyor pazarın sabah keyfi

6. *ikinci lapon şeyi*

hepsi çağrışımlarla ağır
tuşlarla. nefes çıkartıyor. paralılar***.
siz gençlerinizi gömünün.
sürüsünüz! çünkü gövdesi sürdürülmez
ay! ay! tekrarla! vurarak, kangı eroin, müzik?

*** cenkçiler, özel yetiştirmeler, işçi adamlar, devlet aktörleri-aktristleri-zavallılar! reklam erbabı, subaylar, gazteciler... şiir atçı şairler. adam sanatçılar... yeni gündemci noktaları

peki konuşalım. saydam. sünni olmayan. çın çın:
        tabuttu duydun mu? öttü, ötmüştü
oğlum, öter bülbüller Oktay bey dondurmacısında
belli gene de Osmanlı dökümü ellerin piyano
çalmak istiyor Jarrett'e... oh oo! aaah! hayda!
ezanları İmrahor'da dimdik karşıladın mı
sonu, esen gönüllerde olur muşta

(sır: iki lokumu kusmadan nasıl ağızda)

7. laponlara son şi ir

İki adımda koşarak yürümek ulaştırır.
siz, biz gemileri ayakizlerinde tamtakır.
nasılsa katran akar; öyle çıkar gözatı
kaplı çerçevede dinozorlara pembe şeker
hayatta böyle bir akide görmedinizse
sürç sürk sürç türk sürç kürk dili
kaçan yeniden önden poesis ve lumboz

YENGEÇ
(Kurgusuz kopya)

Eksilmeyen
Eskimeyen sevgimle
Edip Cansever'e
25 Aralık 1989

Pisipisi otu puştlar, sizi geri geri geliyorum.
Gül'ünü Taksim anıtının önünde bekliyorum.
Bomonti kar yağar balkona, öylesine dolar tül içim.
Unutulmuş bir meyhaneyim, sıvarken özümü kaldırıma.

İngiliz anahtarı boşluğa kavis çizerken ayıl.
Koltuklu kent, taşınıyorsun, telefon boş.
Dikkat; ey doğum ne kala, feryadı almanca.
Trenyollarında aç, trenyollarında tok.

Ahmak şen evinde kadın dikiş dikiyor.
Beyaz mineteli dişi karanlıkta hıçkırıyor.
Limonu buldun, kestin, emmekle balıksın.
Açık suları bilmezsin, ama bir kaptan gözüyle bakarsın.

Oturmuş "bilmece olduk"un ardılı konuşuyor.
Kapıları sokun, Metin'i sokağa salıverin.
Üsküdar perşembedir, Eloğlu pejmürdedir.
Bir palamut sokaklar hiç çıkmaz, kum sıçarsın.

Yontmak, aşka aşk'ı aşkmak ten dışrak.
Durulmak, dirsek çatlatmak, kurban kesmemek.
İçmek, kan işemek, bir kişi'ile'bir olmak.
Sırtlan'mak, leş öpmek, Türkiye'den kalmak.

Etfal'le Kumkapı ve sonra Samatya.
Ayakta duracağız, zangoç bizi çaldıkça.
Kolkola Beyoğlu'nu geçtik, patlayan bombalarla.
İnsan'ı gene kendine getirmek için seviş.

Yengeç! bulunmaz bir ana sıvısıdır, kaskatı.
Önce kolların küçülür, önü moraran gök'de.
Ölü'n ağzına verecek, zaman kımıldayacak.
Yaraklar dönüyor tennure altı yengeç
Nilgün-Kaan çukura bakıyorlar, sabah
sabah dokunmayın aşklara aşklara ulan!

Bu adam senden ölmemeni istiyor.
Bu adam arka ayaklarıyla sırtlan.
Koşuyor öpmek ağzında kapanıyor gece.
Sağır ve dilsiz sarhoşlar sessiz şimdi.

YENİ "DÜZÜM TARİHİ"

Çok gergin bir çarşafta uçuşan meni güvercinler;
aklı kimi erer, Giotto Pera'dan geçer;

Sonunda Sültaniye'de durur küçük sadrazam;
öyle ki kubbe uçar, Pound namaz kılar.

Komut verilince uzaya dağılan eller;
çoğu zaman çıkagelir ademi eller.

Fuzûli! O'nu bir gün pasajda taşırdım;
bir kürk yorgan sırtımda, küfelik olurca.

Geğirin, osurun, kaşının, veba da girsin;
büzülün, iki kenti romansız resimli okuyun.

O'nu öyle demez, peynir ekmek yemez;
müslüman'dı yahudi atman, İstanbul'da acemi.

Horasan'da bilgiç, mimar, uzman bir şaman;
şimdi ağlıyor, pek göktaşı dökülüyor.

İki sopa ucu atbaşı kumaş gökyüzünde
kim dikti? ve artık dili dil, dili bil.

Ay ve yıldız yılanını
tek taşla resim vuran Nakkaş Osman.

Duygu artır acı, bilindik bacı;
kimine habeş sırtlanı düşer, kimine gacı.

Boyalı hamur kâğıt ölüyle, dizüstü;
borsamız da açıldı, çıt yok.

Düzüm tarihinize destek oluyorum;
yazarken tırnak kana geçit bu gece.

Senin ruhun kaşarlı, ağzıma aldıkça;
kayıp kıta Atlantis, nasılsın asker kardeşim?

Yanım başı bir kelle düşüyor büyütülmüş;
dille boğuşmak kolay mı vuslatı varsız böyle?

"Hayalet" bana bugün topik almış;
rahat bırakın yiyelim ve geceyi devirelim.

Bir melek olarak omzunuza konalım.
Bir iblis süzmesi zülfünüze kanalım.

Tren gelir hoş giderdi temizlikçi erkek.
Çağda. Öpün göğsünü. Plastik dövme o güneş.

YUNUS'*SUNUZ*

Tecim yana yamanırken
iyi bildiği iki su sünnet
akımı kan boğdu kimya;

(yol görmüş yalnızca polisler ülkesindeyim)

Sen buradasın ya
fakat sayısız yanmış A A' mülkü görünüş
renk kararan
anlam'ana bağlı semantik arasında
türkçesi sovyetik budala

(Aram'ı ara! gün ışığı
 vatandaş çıngırak
 deve tellal iken)

İşte ben o dili bulmak istiyorum:
pazar-pazartesileri erkek,
çarşambaları ve sonrası hep kadın

(kökü ana boyu dayı budanmış
 kapısız ağaç-tabut düşün)

Kol saatiyle birlikte bir toprak cük askeri
sonra dört duvarlı bahçede vakte yutulan.

Eğer gökdelenden konuşur
ispat eder ve aşağıya atlarsan
sayıştay gûyâ sosyalistti
tarafından paranoya
eğilimli sayılırsın.
Beyin patlaması Descartes!
Bilinç daralması Marx!
(Siz hiç diyalog yazarı gördünüz mü?)

Nice hengâmeler yahudi mezarlık yani bir hamamda
sona erdikten sonra açık hava sinemasında
"Baba?" sorar çocuk bacağını tutarken
"Ben de senin gibi baba olacak mıyım bir gün?"

Elektrikler söner.

Bir yangın ada, ormanları sınırlı
hep veremli çizilmiş, kamuca deli.

Bütün yoktur ve olanı bambaşka bir alanda geçer.

"YÜRÜYEN KALIN VE KARANLIK BİR ÇATI MERDİVENİ"

Turgut Uyar'a.

Âleme giderken tutulan anlak, hepsi, aynasına ne der bilemem?
Boyuna çocuk bağlanmış, koşuyor kimsesiz direnmiş ufku çözük.

Aynı olagan'ı ansıyabilirsin. Taşkın dümtek'i, yoksul çalgıyı.
Ama ayrı olagan'ı hatırlayamazsın. Kaçan kişinin dile gelişi.

Kol denen mercek (sonsuz kez üçyüzaltmış derece dönmüş insan)
seni karşılamak için el şaşması, göz dediğin dikine kum, kapı.

Üzülme – Yazık sana ey son gençlik rıhtımın nevri komünist
kafa tası dizeler öyle kolay gelmez iktidara ve şah da dize.

(Alkışlar dinerdi) Gemi Paganini parçalanır bir buz dağı – düşer
'Onsuz olamam' diye sürer bağırır kellesi ışıldayan o keman, garip.

Renk, kadın içeren gelenek. Siyahı beyaza sis içre boğulmuş iz-
Çar düzenini siz istediniz. Arzunuz üzre öle gelen eldim, radix.

Radika. Günler nasıl işliyor kovanı kopuk makina durup baksana.
Ense tıraşın cinsel kanun kadın-erkek'in cumhuriyet'e dokunmuş.

Subay bamdı. Babam susan subaydı. Ben subaylarla çalıştım, ekber.
Sizin kapınızı çalıyorum. Çini kanda. İki kez eski çoğu, hasta.

PARÇA BUÇUKLAR

Elde ederken ip ucundan edilmek
Tutarak kitap kasap—doğranmak,

Arzular... vaktin var'dı,
Akıl casuslarım... yoktu.

Saçındaki ağızını yoluyordu.
"Yuttun" demek istiyorum.
Yuttun, seni yuttu sessizliği.

* * *

Mâhfel mâhfuz! Mânâlı duruşun sakat ve sana engelim
çünkü ters sıçrama bilmedim göynü Gülhane'de şaşkoloz

halk nedir düşünemiyorum el pençe kıllı tutakım âşık
hep sayıyorum kurşunları yedi, bir fişenk kulak arkası.

Ülkede düşman yok, ona çevrilmiş tekil Muhammet zevki
tanışı unutsun aşkın tutulsun ay dolunay kimi çörekleri.

Kezzap dolu şişeyi atan da tutan da benim, yiğitlik mi?

* * *

Hayvanlar yaşaması yaşlılık gelmeden daha gençken
sırtını duvara sürterek kaşınır işkencede
sınavdır insan ödevi yalnızca melek
dört yol ağzında bir taş ağzımda konuşarak
boşluk akıtır meyhaneler gelgit dolap
şapka çıkarır karşısında aç, çünkü
dalgalanır dünyanın japon yeni
sunulan kurufasulye pilav
borsa gidicidir, giderici.

* * *

O kuşa ateş, ateş onu gördü.
Kuş olarak yüzümüze haykırdı.
Ekmeği Beyoğlu sapağı.
Faşist dediğim halıya yatmış bir Alman pilotudur.

* * *

Tüten gemilerin yosun bağlamış serencesinde
Yırtınıyorum iç-savaş çıkmasın, yerine beni boğun diye
Ayaklarına bir Sacher-Masoch mührü vurulmuş
Amutta tırmanıyor İstanbul'u kuyudan-
Şıp gözyaşı! Akmış da rastlantısı unutulmuş
Sen uyu ki, korkudan balkona fırlasın çırılçıplak
Yarın işi olan her er kişi
Bir yanağını taşa yaslasın, ötekini yastığa[15]

15 *Bir Bağlantı Arzusunda Yalnızca/Elleriyse Çıkın, Telefon Kablolarında* isimli bitmemiş şiir.

* * *

Adım attıkça orası, burası mı-
Lütfen bilginize soruyorum?

* * *

saklı salda öl: Hayır de, bu bir fil duasıydı
tabuta hasret şeker paketinde ışk'lanan

bumbuz, gece gene mavi, sahne. Tuhaf bitti
ve mutsuz seni sevmek ıssız bir ormanda

beklemeyen korkuluk paylaşıldı güneşle
dilini bilmediğimden bana kızan tanrı da.[16]

* * *

Hayatım bitti. Bahçem gitti.
Dokunmuyorum hiç. Gel-git
dolap anı dolu, yiyeruz.
Arzu taşan bir çeşmedir
bir duvara dayalı.
Yürür, harabat yağmuru
alnında Nevizade Sokağı,
olur o parça-buçuk gözü
arnavut kaldırımına kapalı.

16 *Fil Duası* isimli bitmemiş şiirden.

Elime osurur ve osuruğu koklarım.

Ben hiç istemem seni
isterim senin gelişmeni-
Ama Balat'ın sokağında
yalnızlığa alışkın bir çifti
Rum! Öpüşürler sonsuz kez.
"Nerden geliyor bana bu suç?"
Nasıl gidiyor ellerini çırpan ölü?

Dilenci vapuru bir ışıktır ağ
sarılmış yatar düşünce için'de.
Bokçuvalı soyunukluğuyla kendi değil.

* * *

Türkçe hayvan gibi mi?
"Hayvan gibi" Türkçeye razıyım.

* * *

Kendi düzenini ardıl arkası koyan buldumcuk
kimseye yaraşmayan bir dillenmenin sokak-
çocuğu olarak kavrarsa, taşar resuller, ırmak.
Artık uzaydayız Çelebi'yle nar gibi
ne var Mevlit'te korkacak, kopacak.

* * *

Resim ayakta yapılırsa çok
daha önemlidir bir şi-
ire eğilmekten-[17]

* * *

bir farkın ezdiği boşlukla su sesin alıyorum.

* * *

paçavra dilsiz'leğim.

* * *

Bakış delik mi? Ne yönetir o bulunmadığı kâğıtta karbon mekânla...

* * *

Ağzım içi bir dehliz kanayor. Anne Mevlût.
İstemem yitmek, rüyada sınıfta kalmak. Hadım ağa.

* * *

17 *Yıldız Biçimi Kabuk Surat*'la isimli bitmemiş şiirden.

Tiner içen bir sinema.

* * *

Kurgulanarak olay ufkundan şiire atılan tek yönlü zar
içine düşen birçok okuyucuyu hem ezer hem sıfırlar.

* * *

BENZEMEZ GERÇEĞE BENZERLİLİĞİN
ŞİIRSEL OLMAYAN YÜZÜNDE TOPLANMIŞ
KANLI PAMUK TANELERİNİN SÜREKLİ YAĞIŞI[18]

* * *

Korkma sönmeyecek yanacak. Üniversite yanıyor. Ön cephe, mermer koridor, arka cephe, dar geçit, o kilitler, o kilitler, dolaplar, o duvarlar, o duvarlar, üstü süs süs büyücek anahtar yandı. O ateşkes mektupları gibi yanıyor. O kıvrımlarını çözerken parlıyor. İnsan elinden elma, kokusundan yılan biçimi, o yılanlar o sabunlu yılanlar, o kesik yılanlar, ağacında kuş cıvıltıları, kuşlarından elma kokusu, genzine avlu dolusu yılan kokusu, duman yandı. Ve yanıyor çilingir, masa, masa boyutunda vazo, vazo düzleminden çicekler, renginden renk, odadan odalar, çicek çiçekten, alt merdivenler, üst merdivenler, asansör, asansör, asansör, asansör.

18 Yazılmamış bir şiir ismi.

Üniversite yanıyor. Çarmıha gerilmiş kara mizah, coca-cola şişesi, yükseğe yüksek hamam böceği, uçana uçuk zümrüdüanka, alçağa alçak ahtapotlar, ahırlar, ahırlar, ufacığa ufak götlü filler, çokçası yamayassılı kaplumbağlar, bir de ayaktanbacaklılar, bir de onlar, bir de onlar, yandı.

Sıhhatli ve çalışkan nesiller yetiştirmemiz gaye olmalıdır, yandı.

Düşleri açıklamak familyası belirsiz bir bilim olarak yandı.

Yasak bölgeler, içi, dışı, kanun tasarısı, kurtarılmış bölgeler, o lekesiz kâğıtlar, o üst üste yığılmış dosyalar, resimler, o resimler, o perdeler, camlar, camlar, çay bardakları, kahve fincanları, o şakırtılar, o şakırtılar yanıyor. Ve yanacak ipler, teller, ipler, teller, çıka çıka basamaklar, ine ine basamaklar, salonlar, afişler, noktalar, virgüller, noktalar, virgüller, bakıp bakıp aynalar, göz kırpıp kırpıp aynalar, musluklar, yıka yıka musluklar, latalar, akan su yandı.

Büyük kurtarıcılar yandı, küçük kafalar.[19]

* * *

Önüne geçilemez zaman unutkuları boyunduruğunda
"Varı yok demeyiniz. Var'ı yok diyenler yok olur."
Derken garip ilişkilerle dil ağında düzensiz çırpınışlarla
Soyunuk durup'duruyor bir anlam boylamı eksende

19 *Üniversite Yanıyor* isimli bitmemiş şiirden.

(...)
– Bir yön kayması buradan, eksensiz dönük kimliğine
Sana intihar karıyorum, kötü yoksulluk
ve bir insan çökeltisi fiil'de
(...)
Ve sayısız büyüyen imgelem çiçeklerinin, çöllerinin
İsterleri yerine gelsin diye, bu düş görümü gömü artık-ben:
Bir hak tu-
(...)
Bir süregen anlatı ağında düzensiz dil çırpınışlarında
– Soyunuk döner dervişler bir anlam boylamında eşzamanlı
O zamanlı köprüaltlarında boynubürük geçerek usa
Yarılımı artarak ay kutbuna döner ey ışk kutlusu loş Şeyh sen de
Çık ortaya çatıl ve giyil kanda renklen bir-an
Ve kahverengi oluk kara seni gene tabakalasın Hamlet-
Buzlu camdan gördüğünde koş peşisıra bir ben'in, aç özdeşin
(...)
yeşim döleşi yankılımda açık kapılardan açık DİZGE essin
BÜYÜK SİMGENİN / BİR'İMİN / KIRIK NEN'İN TÜKENDİĞİ[20]

* * *

20 *Pusu* isimli bitmemiş şiirden.

Ne varsa şiir'den de damıtılır şimdi.
Sınıflı topluma karşı
bir ufuk çizgisinde ilk dilinden anladığım gemi,
devletin şimdiden ortadan kalktığı karşı-gelenek
        bir canlınan çiftleşmiş çift hayatı
bu, bu, bu, bu boylu boyunca kaybeden kazanıyor
        ceset! oyununun
ilk'liğim canım Orhan Veli.[21]

* * *

Dinleyen sarhoş, ama birazdan
Bir ermeni olarak ışıldak dönme-dolap
Rütbeli dünyamıza geri dönecek
O çocuk ki yarı-beline kadar ancak denizde
Kapılar çeşme keder açık ardımızda
Yüzüstü rengi belli, belirsiz kepenk siyah
Sonsuz ve umutsuz alkolik
Pencerede umulmaz kapanacak[22]

* * *

21 *Orhan Veli İçin* isimli bitmemiş şiirden.
22 *Antika Yelkenli* isimli bitmemiş şiirden.

Ama
bedende hazır uyarıya tohum vereni
bir daha tadabilseydi insan imgen
karşı koyan mor öreke ağan sesiyle
yaralı nasıl yaralı tarafına düşerse
çılgınlığın alfabede dillenmesi
sahnede kıpkızıl, öyle
sabaha savruk fiilsiz düzeyden
her bir dize, göz için tabuttur.[23]

* * *

Birincisi tam acı, izin vermiyor kimsesizliği dilin-
bilinçi affettirtmiyor ticaret yürütene hükümran edep-
sizliği gerçek 'bizden sonra şair çıkmadı' diye, ölüme;
Görsel Gök'e bir kara kapak! Aradan çıksın hiç, mutlak!
(...)
İkincisi tam somut, anamın ağı takıkken Baba'mızın ağına
bir sevgilinin çorabı elimizde kolumuza girmiş kardeşle
özlüyoruz lapa lapa yağarken kuş bir Kurtuluş Balkonu'nda.[24]

* * *

23 *Daha* isimli bitmemiş şiirden.
24 *Bünye Ayrışması, Toplumu*'nda isimli bitmemiş şiirden.

Bir henüz doğmadık düşüncesi
derin son'la kimlik kararması[25]

* * *

Düşük bir sözdizimi alttan alta
toplar örenlerini imgen olmadan da.

* * *

Fiil çekimleri öne gelecekti de gûya kurtulacaktı bu şiir;
ölüler de canımıza okuyor, yalnız yaşayanlar değil.

* * *

Hafıza ipliğim seni geri çekmeliyim.

* * *

İş'lek hadım'ı terbiyeli orgazm sananlar
(kaçıncı kuleden habersiz geçti intihar)!

* * *

25 *Perde Arasında Kulis Aynasına Paraşüt* isimli bitmemiş şiirden.

bin röntgenci akımlarda dönük pencereler kadar şendik
bin gelecek fahişeyle dev gibi bir puştluğa yenildik

meraklı turşucu bağırdı "beyler!" herkesin eli cebinde
bir göz delik ata parayla oynar hem otobüste hem evde

ya devlet leşe ya kuzgun başa ya da bir kolumuz keşke
en dibinden kesik olaydı da hiç girmeseydik sis denize

* * *

sora sora sokakta bulundu ve
höyük oteline gömüldü gece,
para gözünü toplu deldi bir iğne

* * *

artık bir imge, bir simge ve bunların toplamı
dizgeler bekleniyorsa yalan söyleniyor demektir.[26]

* * *

Şiir için
acımasız "şimdi" makinesinde üretim

* * *

26 Eski bir notundan.

bilimi olmayan bir eylemin sözünü buldu(m).

* * *

Ey tecimen imgelem doğruyu göstermen yetmez!
Düpedüz bir imge olarak şiiri sahneye koysana
tehlikeyi seçsene...

* * *

Kimdir şiir?
Sözlükte bulunmaz, altı çizili bir nesne.
Kimin içindir şiir?
Cevapsız kalan bir öteki içindir.
Kimdir öteki?
Sorusuz kalınca şiir yazandır.

* * *

Evet doğrudur, hortlak sanatından bir kafatasıyım
İmgesi cesarete kakılmış bir bayrak gibi yükseklerde[27]

* * *

İlk çalışmada derkenara "hayali Ali" kazınmış
ve niçin kalem burada ufuk gerçeğine kan'mış?

27 *Hortlak Sanatı* isimli eski ve bitirilmemiş şiirinden.

* * *

Ey kırmızı esen kavaklar imgesi
seni tüketmeden üretmek/günün ekmeği

* * *

Yokluğunda satır araları iki cami oldu...

* * *

Ufuk sizi sulara gömene kadar onu itin.

* * *

Az "mustafa"lıkla külden yansımama öğmeğe eğildim de
görüşsüz kentin aykarası bütün dalyaprakları üstüme düştü.

* * *

Berrak bir suyun sarhoşluğunda yüzerdi şizofren terbiyesi.

* * *

'bellek puştu kahkaha'lar atmak.

* * *

iki kapılı genelev.

* * *

arzular şiire imza atmaz.

* * *

diyaframı güneşin üzerine aç kapa aç ve kapa
şiirin ışığı takip ettiğini göstermeyen şiirleri ancak faşistler yazar,
üstelik sessiz, çok sessiz!

* * *

Bu malafat tanrının incelmiş gizi
yüreksöken sokağında dolaşır kör.
Bindirir gece gündüze dolun ayla.
Anlamlı anlamlı donakalır puştun.

Çekip gitme günüdür toprak yerler'e.
Bütünlemesi sizden, harabatı öl-
erek kat'etmek değil mi melâmet
yüzünüzü göndermiş ameliyat için?

* * *

anamın amına koyduğun günden beri
baba, babacığım ben bitti
(..)
anamın amına kuluçka koyduğundan beri
baba, babacığım ben bitti
(...)
hatırlarım nasıl da hatırlarım şimdi
sümbüllü kerhaneden çıkıp
bıyık burma terbiyesine uygun sevici
                    bir kadının koynuna girdiğimi
ve o günden bu yana kadınlar üstünde
                    kılıççılara çalışan kesik erkekliğimdi
baba, babacığım ben bitti
(...)
nenemin sidikli oturağı her geceye devrilişinde
bir köşkümüz daha devrilir, cumhuriyet yeniden devrilirdi

(...)
kendini göm, gömül şimdi
baba, babacığım ben bitti[28]

28 *Babalık* isimli bitmemiş şiirden.

'Beyaz' için (1) (8)

KİMYASAL

~~USTURLAP~~

Hevâ: Aşk, Kavak yelleri

"Çıkmak, yaşamak, girmek, ölmek demektir,"

Kavağın

Cennetin eski tabancası.

~~Ağacının~~ yağmur duası,

Köküne (basa ~~iktir~~ e git.

Tekneni al yoluna, dölün

Kovun gecen ~~aşkında~~ günün

– "Akıllı herkes; susarak nallı."

Ahalini, Avrasya

~~Perslere~~

nuh hayvanı

aşkı

karanlığında günün

13

maaşallah (Türkçesine bak)

zebella – zebaniyle

Şimdi seni üç ~~[illegible]~~ birlikte bir yatakta bilsem

"~~Nesi kimde~~"! (Silkele saçılsın kehribarımız)

Ama bu, şu dolmayı ters çevrilmiş görünce

Üstelik çatalın çatalı da kırık, ayca

gebeliğinde

Doluluk boşaltılırcasına silkele saçılır kehribarımız

"Boşluk doldurulur" "Doluluk boşaltılır"

Cumbada yanan bir kadın-adam'dı cızz

Döküntü benzini bronzlaşmak için

Yakışmak dolayında insanoğluna ~~ciddi~~ ciddi. ~~pek~~

matrak mı matrak

ciddi mı ciddi

gövdesini yılan

Birileriyle siz birilerini mi karıştırmıştınız?

Biz, ki ~~iletişim~~ yerbilimi uzmanı ~~dinozorlarız~~ çırganlarız yarılan alın

Ey benim çetrefillerim, ey ısırdığım yonca devleti.

uzmanlar

Hangi duvar yarılarına gömülecek siz siz)

arasında

18 dize olabilir

Soruları sorduğum grammatika'da

bir çıkrık işliyor

(x İzzet'le

Bu kitabı okuyanın bilmesi gerekenler:

Mustafa Irgat şiirinin en başat özelliği, kendi deyimiyle *şimdi makinesi*nde öğütüle öğütüle bir türlü bitmeyen bir şiir olması, şimdinin bütün tehditlerine açık bir şiir. Bunu Mustafa için daha önce yazdığım iki yazıda da belirtmiştim, ama Mustafa'nın nasıl şiir yazdığına bu kadar elde mercek şahit olduktan sonra, Mustafa Irgat şiirinin en önemli biricikliğinin bu olduğunu iyice gördüm: Mustafa hiçbir şiiri bitirmezdi. Hatta notlarında bu konuda kendisiyle alay edildiğini yazmış: *Bu hiçbir şiirini bitiremez ki...*

[*Şair Mustafa* bir sözcüğü ortasından bölüyor, bu bölme *Mina Urgan Mustafa*'sını harekete geçiriyor, bununla *Viyana'daki Mustafa* kendine yapılan bir haksızlığı hatırlıyor, bu *Cahit Irgat'ın oğlu Mustafa*'yı sahneye davet ediyor, bu sahne *Cumhuriyet Aristokrasisinden nefret eden Mustafa*'yı çağırıyor, *Sinematek'teki Mustafa* harekete geçiyor, *Beyoğlu Höyük Otel'in Mustafa*'sı tekmesini atıyor, *Godard'ın Mustafa* durur mu, o da onlarca *Değiştir*! komutundan birini veriyor, böylece bir sürü Mustafa, yıllarca (bazen 20 yıl) küçük birer çark gibi birbirlerini döndürerek şiiri değiştiriyor değiştiriyor. Çok belirgin bir mantıkla da değiştirmiyordu şiirlerini Mustafa, daha çok (dünya görüşünün yönlendirdiği) çağrışımla değiştiriyordu, ama İzzet Yasar'ın çok doğru saptadığı gibi: *Sorumsuz, temaşacı hermetisme'e düşmeden*[30]. Mustafa Irgat şiirini zaten severdim, ama bu çalışmamdan sonra bu şiiri yaratan zihne artık sonsuz bir hayranlığım var.]

Kitabın adını da şiirleri çalıştığı sayfaların altına düştüğü kendine emir veren [*Şu şiire çalış ve bitsin* gibi] notlardan seçtim: bir şiirinde herhalde kendisi de umutsuzlanmış, *Sonu zor* yazmış.

30 *Ait'siz Kimlik Kitabı*, 60. sayfa.

Hazırlayanın notu.

[Mustafa'nın ölmeden üstünden hızla geçtiği söylenen *terekesi*, ardında bıraktığı üç dört torba şiir, not, yazı - el yazmaları döne dolaşa sonunda benim önüme geldi.[29] Büyük bir labirent, önce bu labirentten korktum, korkumu yenmeme Burak Fidan yardımcı oldu, şiirleri ve düzyazıları beraber ayırdıktan sonra şiirleri uzun uzun okudum, bölümledim, kâğıt cinslerini-kalem renklerini -ne hangisinden sonra geliyor -hangisi en son değişiklik, bunlarla bir detektif gibi hemhal, tanıdık oldum. Bu hakikaten karmakarışık terekeden korkumu, çekincemi böyle yendim. İkinci çekincem daha ahlaksal oldu, güçlü bir çekinceydi, yakamı bırakmıyordu: *Bu işi ben mi yapmalıyım, Mustafa'yı daha iyi tanıyanlar var*. Sonra bu duygumu da bir rüya çözdü, ben rüyalarımı hiç hatırlamam, Mustafa, Burak Fidan'ın rüyasına geldi, rüyada Mustafa'nın bana dediği şu: *Şairler kendi şiirini sırtlanmak zorundadır, bazıları ölünce enkazda kalır, ta ki başka bir şair onun şiirini taşıyıncaya kadar, o zaman hafiflik olur*. İkinci çekinceyi de bu rüya ile kararlı bir şekilde sonlandırdım.]

29 Bu kitapta şiirler toplandı, düzyazı notlarını Burak Fidan'la beraber halen hazırlıyoruz.

Şunu demek istiyorum, bu kitapta okuduğunuz şiirleri Mustafa olsaydı başka türlü bitirebilirdi, benden bir başkası olsa başka türlü bitirebilirdi, bu şiirleri ben *bitirdim*, bu konuda rehberim sağken yayımlanan kitabı *Ait'siz Kimlik Kitabı* oldu.

Şiirleri bitirirken Mustafa Irgat'a ait olmayan hiçbir sözcük kullanmadım. Kendim şiiri bitirmek için hiçbir şey eklemedim. Her şey tamamıyla ona aittir, kendime bir *müdahale sınırı* koydum, o sınırı aşmam [kendimden eklemem] gereken şiirleri bitirmedim, kitabın sonundaki *Parça Buçuklar* bölümüne aldım.

Bir şiirin yazıldığı sayfalara tutulmuş bütün notları, yazılmış ama şiire yerleştirilmemiş ek dizeleri - bunların hepsini mümkün olduğu kadar şiire sokmaya çalıştım, aynı kâğıda yazılmış dize parçalarını şiiri bütünlerken bazen dipnot/ek olarak kullanmaya gayret ettim. Dediğim gibi bu konuda rehberim sağlığında çıkardığı tek kitabı *Ait'siz Kimlik Kitabı* oldu.

Bıraktığı bütün şiirleri tek tek değerlendirdim, 80'lerden önce çok gençlik döneminde yazdığı yayımlanmamış arayış şiirlerini *Ait'siz Kimlik Kitabı*'na kendi de almadığı için onlardan ancak *Parça Buçuklar* kısmına birkaç dize-not seçtim.

Kendisi yaşıyor olsaydı acaba yayımlar mıydı? diye merak ettiğim şiirlerini [*Haikular, Lebbeyk Tempo, İmge*] korudum, çünkü bu kitabın, şairi her yönden tanımamıza imkân veren bir çalışma olmasını istedim. Karşımda olsaydı, Mustafa'yı bu şiirleri yayımlaması konusunda ikna edebileceğimi düşünüyorum.

Mısra, düşünce, buluş tekrarı olmasın diye bir kaygım olmadı. *Bunu başka yerde kullanmış mı* diye kendimi zorlamadım. Zaten devamlı yerdeğiştirmeye dayanan ve benzer fikirlerin değişik yerlerde kullanımını meşru kılabilecek bir şiir.

Şiirleri kitaba alfabetik sırayla aldım. Şiir sıralaması yapmadım. Ayrı bir etki alanı planlamadım. *Bu bana düşmez* diye düşündüm.

Şiirlerin bazılarının altına atılmış olan tarihleri kaldırdım. Zaten hepsi uzun süreye yayılmış şiirlerdi, atılan tarihler gerçek bir yön gösterici değildi. Bütün şiirlerin son tarihinin Mustafa'nın ölüm tarihi olduğunu düşünmek en doğrusu.

Berde, ongdasank ve *erligining* gibi anlamının çözülebilirliği zor sözcükleri de Mustafa'nın şiirinin bir özelliği olarak olduğu gibi korudum.

Mustafa, şiirlerini hep birilerine sunmuş. Bazı sunular çok belirgin, onları korudum. Bazıları çok kararsız, yazmış çizmiş, yazmış çizmiş, o yüzden onları kaldırdım. Bir iki kızgın sunu da var, bunları da kaldırdım, çünkü şu anda yaşasaydı ne yapardı bilmiyorum ve öldükten 16 sene sonra onun adına polemik yaratmak istemedim.

Bıraktığı kâğıtlar, notlar ve çizimlerin yer aldığı bir *Mustafa Irgat Kitabı* hayaliyle, buraya notlarından bir ikisinin fotoğrafını koyuyorum.

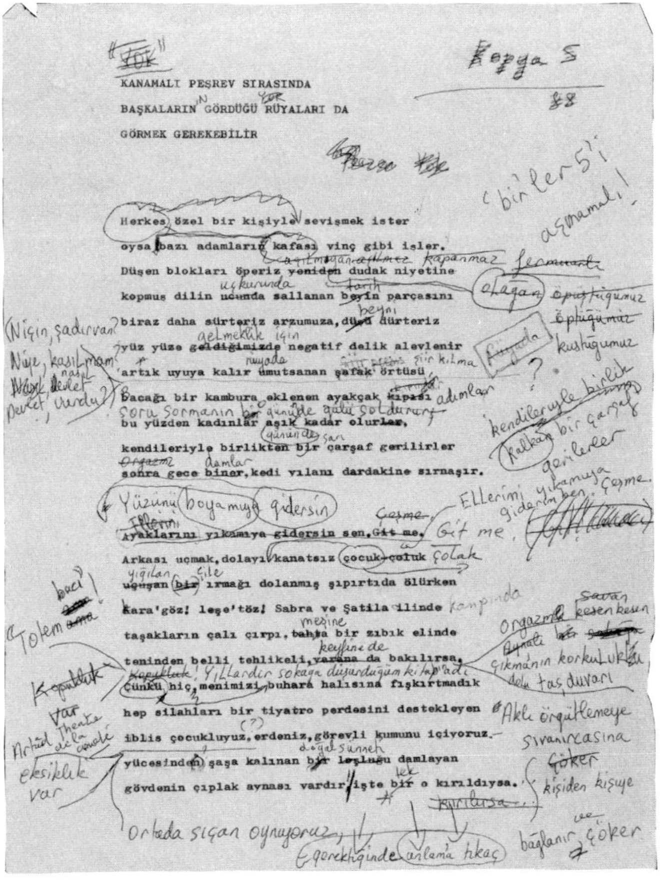

KANAMALI PEŞREV SIRASINDA
BAŞKALARIN GÖRDÜĞÜ RÜYALARI DA
GÖRMEK GEREKEBİLİR

Herkes özel bir kişiyle sevişmek ister
oysa bazı adamların kafası vinç gibi işler.
Düşen blokları öperiz yeniden dudak niyetine
kopmuş dilin ucunda sallanan beyin parçasını
biraz daha sürteriz arzumuza, dürü dürteriz
yüz yüze geldiğimizde negatif delik alevlenir
artık uyuya kalır umutsanan şafak örtüsü
bacağı bir kambura eklenen ayakçak kıpısı
bu yüzden kadınlar aşık kadar olurlar,
kendileriyle birlikten bir çarşaf gerilirler
sonra gece biner, kedi yılanı dardakine sırnaşır.
Ayaklarını yıkamıya gidersin sen, Git me.
Arkası uçmak, dolayı kanatsız çocuk-çoluk
uçuşan bir ırmağı dolanmış şıpırtıda ölürken
kara'göz! leşe'töz! Sabra ve Şatila ilinde
taşakların çalı çırpı, tahta bir zıbık elinde
teninden belli tehlikeli, varana da bakılırsa,
çünkü hiç, menimizi, buhara halısına fışkırtmadık
hep silahları bir tiyatro perdesini destekleyen
iblis çocukluyuz, erdeniz, görevli kumunu içiyoruz.
yücesinden şaşa kalınan bir leşluğu damlayan
gövdenin çıplak aynası vardır, işte bir o kırıldıysa.

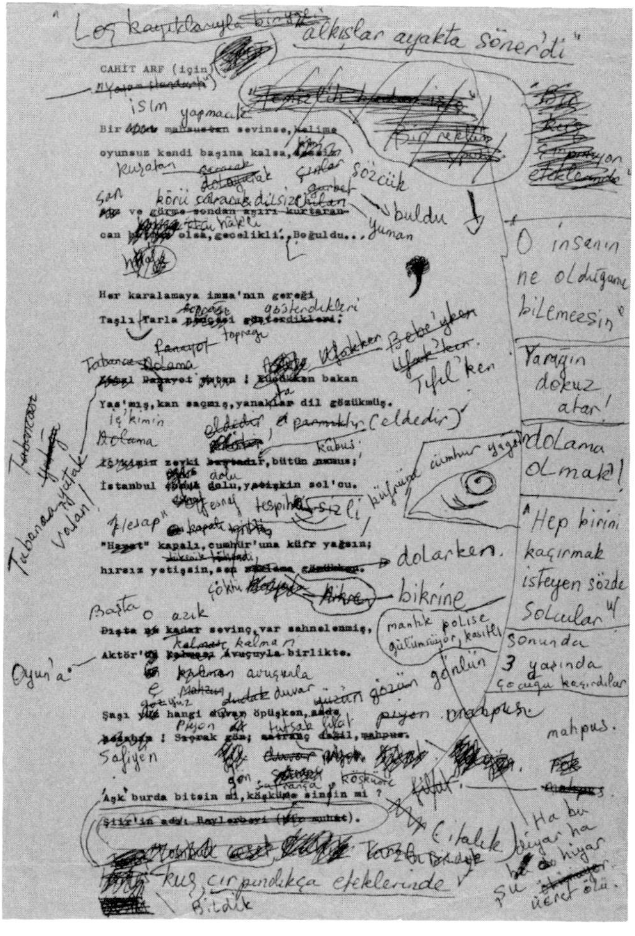
"Loş kayıtlarıyla ... alkışlar ayakta sönerdi"
CAHİT ARF (için)
Bir ... mahsustan sevinse, kelime
oyunsuz kendi başına kalsa, ...
... ve görme sondan aşırı kurtaran
can ... olsa, gecelikli. Boğuldu...
Her karalamaya imza'nın gereği
Taşlı Tarla ... gösterdikleri;
... ! ... bakan
Yaş'mış, kan saçmış, yanaklar dil gözükmüş.
... kişin zevki ...dır, bütün namus;
İstanbul ... dolu, yetişkin sol'cu.
"Hayat" kapalı, cumhur'una küfr yağsın;
hırsız yetişsin, son ...
Dışta ne kadar sevinç var sahnelenmiş,
Aktör'ün ... Avuçuyla birlikte.
Şaşı ... hangi duvar öpüşken, ...
... ! Sıçrak göz; satranç dahil, mahpus.
Aşk burda bitsin mi, köşkünde sinsin mi ?
Şiir'in adı: Beylerbeyi (Bir muhat).
Bitdik